O futuro alcançou a escola?

O aluno digital, a BNCC e o uso de metodologias ativas de aprendizagem

© Editora do Brasil S.A. e ZOOM Editora Educacional SA., 2019
Todos os direitos reservados
Texto © Editora do Brasil S.A. e ZOOM Editora Educacional SA.

Editora do Brasil
Presidente: Áurea Regina Costa
Diretor-geral: Vicente Tortamano Avanso
Diretor editorial: Felipe Ramos Poletti
Gerente de marketing: Helena Poças Leitão
Coordenador de marketing: Léo Harrison
Design gráfico e diagramação: Rodrigo A. Grola

Imagem de Capa: Shutterstock

ZOOM Education for Life
Presidente: Marcos Wesley
Vice-presidente: Rafael Bonequini
Diretor de desenvolvimento: Carlos Seabra
Gerente pedagógica: Renata Violante
Gerente de marketing: Leonardo Mendonça

Revisão
M10 Editorial

```
        Dados Internacionais de Catalogação na Publicação (CIP)
               (Câmara Brasileira do Livro, SP, Brasil)

        O Futuro alcançou a escola? : o aluno digital, a
        BNCC e o uso de metodologias ativas de
        aprendizagem. -- São Paulo : Editora do Brasil,
        2019.

            Vários autores.
            Bibliografia.
            ISBN 978-85-10-07155-0 (aluno)
            ISBN 978-85-10-07156-7 (professor)

            1. Aprendizagem - Metodologia 2. BNCC - Base
        Nacional Comum Curricular 3. Educação - Brasil
        4. Educação - Finalidade e objetivos 5. Política
        educacional 6. Professores - Formação.

        19-24576                              CDD-370.981
                   Índices para catálogo sistemático:

              1. Brasil : Base Nacional Comum Curricular :
                 Metodologia de ensino : Educação   370.981
```

1ª edição / 1ª impressão, 2019
Impresso na gráfica Meltingcolor

Rua Conselheiro Nébias, 887
São Paulo, SP — CEP: 01203-001
Fone: +55 11 3226-0211
www.editoradobrasil.com.br

O futuro alcançou a escola?

O aluno digital, a BNCC e o uso de metodologias ativas de aprendizagem

Sumário

BNCC, STEAM e metodologias ativas 7

As Ciências da Natureza para o Ensino Fundamental na Base Nacional Comum Curricular 13

As competências socioemocionais na BNCC 21

Habilidades socioemocionais: como turbinar o projeto de vida do jovem 31

Perspectiva da inovação pedagógica 41

O papel das metodologias ativas na transformação da escola 49

Movimento Maker na escola 61

Flipped Classroom – uma estratégia ativa de aprendizagem 69

Aprendizagem lúdica 81

STEM, STEAM, como assim? 87

Programação na escola 93

BNCC, STEAM e metodologias ativas

Maristela Sarmento[1]

Vivemos um momento de grande expectativa nas escolas e nos sistemas educacionais de todo o país. Há uma nova referência nacional para a organização dos currículos, a **Base Nacional Comum Curricular – BNCC**, que trará importantes repercussões na educação nos próximos anos, em todos os níveis de ensino, tanto nas atividades pedagógicas propriamente ditas quanto na organização e funcionamento de escolas e sistemas educacionais. Trata-se de uma adequação que se faz necessária com o passar do tempo e, no geral, traz efeitos que perduram por 20 anos ou mais.

A existência de escolas, bem como as linhas gerais do que fazem e como trabalham, faz parte de um projeto humano de vida em sociedade. Por estarem a serviço desse projeto, as escolas são absolutamente comprometidas com a visão de mundo que as sustenta. Essa cosmovisão pode variar de acordo com a origem cultural, histórica e geográfica. Entretanto, independentemente de sua origem, toda escola desempenha o mesmo papel fundamental de preparar as novas gerações para a evolução positiva de um projeto de sociedade.

Em um sentido amplo, na escola desenvolve-se parte essencial daquilo que, no presente e no futuro, oferece as condições de existência de uma certa forma de viver em sociedade. Para isso, as escolas definem currículos e metodologias que propõem experiências capazes de promover o desenvolvimento, nas novas gerações, daqueles conhecimentos, habilidades, competências e valores compatíveis com a cosmovisão que sustenta o projeto de sociedade à qual serve.

---

1   Maristela Sarmento é pedagoga, mestre e doutora em Educação pela PUC-SP. Gestora de projetos educacionais com foco em ciências e tecnologia. Na ZOOM Education foi diretora educacional responsável pelos programas ZOOM Educação Tecnológica (ZET), ZOOM Educação Infantil (ZEI), entre outros.

É razoável considerar que, em contextos nos quais se faz necessária uma importante reforma das referências fundamentais que balizam os projetos pedagógicos de cada escola e sistema de ensino, como ocorre agora com a BNCC, houve alguma fissura, algum deslizamento significativo entre o que a escola ou o sistema educacional estava fazendo e aquilo que a sociedade desejava que fosse feito. Trata-se, obviamente, de ajustes inescapáveis que decorrem das transformações sociais que ocorrem invariavelmente no transcorrer da história.

Mudanças desse tipo, como as que agora são propostas pela BNCC, não são fáceis e demandam muita energia de um sistema gigantesco, que envolve milhões de pessoas. A agenda que se abre é suficiente para mobilizar as atenções e boa parte dos esforços de professores, gestores, mantenedores e autoridades em todo o país.

Como placas tectônicas que movem continentes, o chão da escola está se deslocando lentamente nas últimas décadas, desequilibrando muitas das nossas certezas sobre o propósito do nosso trabalho educacional e o modo como o temos feito. Esse movimento, que hoje já não é tão lento para ser ignorado, é a reverberação de um mundo que se transforma rápida e aceleradamente, tornando-se cada dia mais complexo, interligado, global, fluido, tecnológico e mediado por dispositivos inteligentes que, apesar dos avanços fundamentais em todos os campos de interesse humano, trazem inquietantes desafios ao nosso modo de vida e à própria subsistência da vida humana em sua plenitude e dignidade.

No decorrer da história humana, não há precedentes de transformações tão intensas e abrangentes em tão pouco tempo como as que temos vivido nas últimas décadas. Quem pode dizer como estará este mundo daqui a 20 ou 30 anos? Que acontecimentos vão alterar imprevistamente o rumo das coisas? Haverá emprego para todos? Que tipo de atividades será necessário? Quais dilemas éticos deveremos enfrentar? O mundo será mais igualitário ou o fosso das desigualdades continuará aumentando? Será que apenas um punhado de grandes organizações vai dominar toda a economia do planeta? Como será nossa relação com as máquinas ultrainteligentes que estarão em ação? Teremos privacidade ou cada um de nós estará amplamente mapeado?

Como se não bastasse esse quadro altamente complexo, a cultura digital criou para a maioria de nós novas expectativas alimentadas pelas experiências que temos em outras áreas e segmentos. São expectativas cruzadas que geram pressão sobre o que fazemos e o modo como fazemos.

Os pais, por exemplo, podem muito bem esperar que a comunicação com o colégio seja tão ágil quanto aquela que experimentam em outros contextos com o WhatsApp ou, então, esperar que as transações financeiras sejam tão fáceis como o pagamento de uma corrida de Uber ou, ainda, que todo o material didático seja fornecido de modo similar ao que ocorre na Netflix. Os alunos, por sua vez, podem esperar que as aulas sejam tão envolventes quanto um *videogame*, que os conteúdos sejam mais interativos e acessados de qualquer dispositivo, como tudo na web. Já os professores podem esperar que uma parte das atividades burocráticas seja aliviada pela automação, que o desempenho dos alunos seja rastreado para lhes fornecer dados que possam ser usados nas escolhas e encaminhamentos pedagógicos e, quem sabe, que sistemas inteligentes possam apoiar os processos avaliativos. A lista de expectativas é imensa, assim como os desafios épicos já plantados para a colheita das novas gerações em um futuro não muito distante.

Não pode surpreender que as escolas e os sistemas educacionais venham encontrando dificuldade em interpretar esse tempo presente e futuro para alinhar suas concepções e ações. A escola está enfrentando um desafio do tamanho do mundo e precisa de amplo apoio para realinhar seu programa de ação. A presente obra está inserida nesse contexto, como um subsídio para essa interpretação e, sobretudo, como uma contribuição e incentivo ao movimento de transformação.

O artigo de Luís Carlos de Menezes, **As Ciências da Natureza para o Ensino Fundamental na Base Nacional Comum Curricular**, nos ajuda a entender o que é a BNCC, seus conceitos essenciais, a forma como está estruturada, os direitos de aprendizagem que delimita e os desdobramentos específicos das Ciências da Natureza. Para Menezes, a BNCC é uma excelente oportunidade para o aperfeiçoamento da atuação da escola, que poderá tomar como referência inequívoca o que a sociedade espera dela, sem perder, contudo, aquelas características que definem sua identidade dentro da comunidade da qual faz parte.

Já Priscila Pereira Boy enfatiza, em seu artigo **As competências socioemocionais na BNCC**, uma dimensão fundamental para as escolas e dos sistemas educacionais que desenvolverão seu currículo a partir da BNCC: o desenvolvimento de competências socioemocionais. Trata-se, sem dúvida, de um novo e amplo desafio que exige uma articulação maior entre educadores e pais/responsáveis, uma vez que se trata do trabalho com valores, comportamentos e mesmo com a personalidade de cada aluno. A abordagem da autora nos ajuda a identificar as oportunidades que a BNCC traz para essa abordagem, coloca uma perspectiva histórica no tema e oferece alguns parâmetros para reflexão.

Alfredo Carlos Gomes da Costa, em **Habilidades socioemocionais: como turbinar o projeto de vida do jovem**, amplia a perspectiva do desenvolvimento das competências socioemocionais ao colocá-las como componente central de um projeto de vida. Costa aponta importantes diretrizes da BNCC cujo sentido último é o desenvolvimento integral do ser humano, o que implica a construção de uma identidade e a definição de um projeto de vida. Por fim, oferece um conjunto de sugestões para uma ação capaz de sensibilizar e promover a progressão de reflexões e ações capazes de ampliar a autoconsciência dos alunos, assim como de seus desejos e potencialidades.

Visto que a BNCC impulsiona as transformações dos currículos e das práticas pedagógicas, o artigo **Perspectiva da inovação pedagógica**, de Fernando Moraes Fonseca Junior, argumenta que a inovação será necessária como motor dessas transformações. Apresenta algumas motivações para inovar pedagogicamente, uma vez que as práticas pedagógicas presentes no cotidiano da maioria das aulas, em geral, foram concebidas há muito tempo, em contexto social, tecnológico, cognitivo e socioemocional muito distinto do atual. Descreve aspectos da cultura escolar que precisam ser considerados quando se pretende desenvolver um ambiente capaz de acolher e incentivar a inovação, o que inclui a perspectiva do professor pesquisador.

Se ampliar o espaço de inovação é um caminho para fazer evoluir positivamente os alinhamentos a serem realizados na educação escolar a partir da BNCC, encontramos uma excelente oportunidade para que novas metodologias de ensino possam ganhar relevância, metodologias mais condizentes com o desenvolvimento integral dos alunos. Nessa perspectiva, José Moran, em **O papel das metodologias ativas na transformação da escola**, trata das metodologias ativas. O artigo resgata os aspectos gerais do conceito de metodologias ativas a partir de uma perspectiva histórica e descreve algumas das principais atualmente em uso. Moran deixa claro que o aspecto mais importante a conectar todas essas metodologias é o foco na aprendizagem e, portanto, a centralidade do aluno, a relevância de seu papel ativo na construção dos saberes.

Cristiana Mattos Assumpção, em **Movimento Maker na escola**, e José Ivair Motta Filho, em **Flipped Classroom – uma estratégia ativa de aprendizagem**, aprofundam a análise de metodologias ativas específicas. Assumpção resgata as origens do Movimento Maker no *Do It Yourself*, nos Estados Unidos, e a forma como foi interpretado na educação, especialmente a partir da contribuição de Papert, um discípulo de Piaget. O artigo ainda descreve as relações entre as abordagens *maker* (essencialmente voltadas para o aprender fazendo) e outra metodologia ativa conhecida pela sigla PBL – Project Basic Learning (aprendizagem baseada em projetos), que propõe a estruturação da experiência de aprendizagem por meio da execução de projetos que lidam com problemas verdadeiros de interesse dos alunos.

Motta Filho, em seu artigo, descreve o contexto de complexidades que define o mundo atual, sugerindo que novas formas de ensino sejam indispensáveis para envolver as novas gerações na aprendizagem escolar. Cita diversas metodologias ativas e defende o ensino híbrido com a aplicação da sala de aula invertida (Flipped Classroom) articulada a outras metodologias. Por fim, oferece um passo a passo para a implementação dessa metodologia.

Em **Aprendizagem lúdica**, Carlos Seabra nos traz o potencial que os jogos têm como artefatos capazes de gerar experiências de aprendizagem ricas e intensas. Seabra discorre sobre o conceito de gamificação e a possibilidade de tornar o ambiente da sala de aula mais prazeroso e motivador. O artigo ressalta o jogo como instrumento para o desenvolvimento de habilidades e competências socioemocionais, além de conhecimentos específicos e do desenvolvimento cognitivo. Por fim, oferece algumas sugestões de uso para os professores.

Vinicius Signorelli nos apresenta importantes reflexões sobre uma abordagem curricular multi e interdisciplinar em seu artigo **STEM, STEAM, como assim?**. Para o autor, a abordagem curricular com ênfase em Ciência, Tecnologia, Engenharia, Artes e Matemática (em inglês, *Science, Technology, Engineering, Arts and Mathematics*) oferece excelentes oportunidades para o desenvolvimento de habilidades e competências para a vida no século XXI. Pondera, contudo, que tal tipo de abordagem exige um planejamento integrado e sistêmico de toda a escola, muito além da iniciativa isolada de alguns professores. Finaliza demonstrando que a abordagem STEAM, ao propor uma aprendizagem interdisciplinar por projetos, responde com qualidade a muitas das exigências da BNCC.

Por fim, Michel Metzger, em **Programação na escola**, defende a programação (*coding*, em inglês) não só como letramento para o século XXI, mas também como desenvolvimento do pensamento lógico na resolução de problemas e como instrumento para a expressão dos alunos. Metzger distingue, também, a programação física envolvendo a articulação lógica com dispositivos concretos, e argumenta sobre as oportunidades que essa abordagem traz para o desenvolvimento de diversas habilidades e competências necessárias para o pensamento e fazer científico. Por fim, o artigo faz algumas reflexões sobre os desafios para os professores não programadores e oferece algumas pistas sobre a conexão entre a BNCC e o uso pedagógico da programação.

Deste modo, os autores oferecem uma ampla visão do contexto no qual se constituiu a BNCC, explorando seus desdobramentos no desenvolvimento dos novos currículos, metodologias ativas e práticas de ensino, com ênfase para a educação no campo das Ciências Naturais. Esperamos que as ideias aqui delineadas possam inspirar professores, coordenadores pedagógicos, diretores e mantenedores no árduo e imprescindível trabalho de transformação que já começaram a enfrentar.

As Ciências da Natureza para o Ensino Fundamental na Base Nacional Comum Curricular

Luís Carlos de Menezes[2]

Como as escolas podem receber orientações oficiais

Escolas e professores devem considerar a Base Nacional Comum Curricular (BNCC) como natural orientação de sua função social e como oportunidade para seu aperfeiçoamento, mas preservando seu caráter institucional e profissional próprio, pois a cultura escolar e o projeto pedagógico constituem a identidade de cada escola pela qual ela é reconhecida, escolhida e lembrada. Por conta das características das escolas e em função do momento que estejam vivendo, cada uma reagirá de maneira própria à nova base curricular, com eventuais ajustes no currículo e na orientação de professores. Ao recomendar práticas em que estudantes, em vez de reterem informações, investiguem, julguem, argumentem, proponham e realizem de forma participativa, consciente e solidária, a BNCC já estará mais facilmente contemplada. No que se refere às Ciências da Natureza, isso se dará ainda melhor quando houver oportunidade e recursos para experimentações compatíveis com cada etapa e fase.

Essas expectativas de aprendizagem são o sentido maior da BNCC para toda a Educação Básica, ao ressaltar o que os estudantes devem ser capazes de fazer, individual ou coletivamente, o que demanda aprendizagem participativa, incompatível com a pretensa transferência de conhecimentos a estudantes perfilados. Isso vale, com especial ênfase, para as Ciências da Natureza, em que tais atividades deveriam incluir elaboração e verificação de hipóteses, condução de observações práticas e, havendo possibilidade, realização de experimentações qualitativas e quantitativas.

---

[2] Professor Sênior do Instituto de Física da Universidade de São Paulo e membro do Conselho Estadual de Educação do Estado de São Paulo.

Para algumas escolas, isso demandará reorientação didática, um aperfeiçoamento que pode ser feito sem descontinuidades abruptas. É com essa expectativa de oportunidade de aperfeiçoamento que a BNCC será apresentada a seguir, com orientações dirigidas às diferentes etapas escolares e observações específicas envolvendo as Ciências da Natureza.

A BNCC não é um currículo e sim uma base nacional para currículos, sendo prerrogativa de escolas e sistemas escolares formular seus currículos, orientações complementares e projetos pedagógicos. O que se espera é que, em associação com o sistema escolar de que fizerem parte, as escolas tomem um conjunto de iniciativas previsto pela BNCC, como sintetizado a seguir.

1. Dar contexto ao currículo, relativamente a seu entorno social e cultural, tornando significativas as temáticas tratadas nos componentes curriculares.
2. Preparar sua equipe pedagógica para cumprir os objetivos formativos dos componentes curriculares e estabelecer sua articulação interdisciplinar.
3. Promover situações que estimulem e propiciem o engajamento e a motivação de estudantes e professores.
4. Desenvolver procedimentos de avaliação formativa que orientem a continuidade do ensino, suprindo deficiências identificadas.
5. Aplicar recursos didáticos e orientações docentes que subsidiem o ensino e a aprendizagem.
6. Promover formação contínua de professores e demais profissionais e buscar/desenvolver recursos para isso.
7. Aperfeiçoar continuamente a gestão pedagógica da escola, em permanente intercâmbio com o sistema escolar.

Tais responsabilidades da escola são orientadas pelos conceitos de Educação Integral e Progressão na Aprendizagem, organizadas em "Campos de Experiência", na Educação Infantil, e em "Unidades Temáticas, Competências e Habilidades", no Ensino Fundamental. Todas têm a ver com as Ciências da Natureza, algumas até diretamente ao envolverem a aprendizagem em contexto e o desenvolvimento de atividades com recursos apropriados, como se explicitará mais adiante.

As Competências Gerais na BNCC e sua relação com as Ciências da Natureza

Competências Gerais são direitos fundamentais de aprendizagem e desenvolvimento a serem garantidos a todos os estudantes durante a Educação Básica, implicando mobilização de conhecimentos e valores que se concretizam nas denominadas Habilidades, a um só tempo cognitivas, práticas e socioemocionais, para enfrentar questões de toda ordem, como as sociais, produtivas, ambientais e éticas. E como Competências são o que os estudantes seriam capazes de fazer com base em sua educação, são também o que deveriam realizar em sua vivência escolar. São dez expectativas sinteticamente formuladas:

1. Compreender e explicar a realidade natural e social a partir dos conhecimentos adquiridos, colaborando para solidariedade e justiça.
2. Investigar, refletir e formular hipóteses, com critérios científicos e tecnológicos, para formular e resolver questões.
3. Valorizar e fruir a produção cultural e artística em toda sua diversidade e tomar parte ativa em atividades dessa área.
4. Empregar linguagens verbais, escritas e digitais para se expressar e comunicar, fazendo uso do seu idioma e de linguagens artísticas, científicas e matemáticas.
5. Utilizar tecnologias de informação para comunicação participativa e crítica, de forma a promover protagonismo individual e coletivo.
6. Compreender relações sociais e do mundo do trabalho, para o exercício da liberdade com responsabilidade e para elaborar projetos de vida.
7. Argumentar de maneira informada e ponderada, defendendo ideias e pontos de vista de forma responsável e ética.
8. Conhecer-se e cuidar-se física e emocionalmente, reconhecendo os próprios sentimentos e dos demais, com consideração e autocrítica.
9. Promover diálogo e vínculos afetivos, com respeito próprio e recíproco, com apreço e sem preconceito diante da diversidade humana.
10. Agir com responsabilidade, flexibilidade e autonomia, com princípios éticos e democráticos, na tomada de decisões individuais e coletivas.

Essas Competências se desenvolvem com base no que os estudantes efetivamente realizam, com sentido prático, ético e propositivo, ou seja, empregando conhecimentos e valores de sua vivência escolar e social. Serão insuficientes na escola meros discursos sobre aprendizagem prática e ética se não houver ações em que os estudantes tomem parte ativa, que envolvam seus julgamentos e suas emoções.

Praticamente todas as dez competências têm correspondência com as Ciências da Natureza ao demandarem formação científica ou tecnológica. Algumas fazem isso explicitamente, como "Compreender e explicar a realidade natural [...]", "Investigar, refletir e formular hipóteses, com critérios científicos e tecnológicos, para formular e resolver questões", "Empregar linguagens verbais, escritas e digitais para se expressar e comunicar, fazendo uso do seu idioma e de linguagens [...] científicas e matemáticas", "Conhecer-se e cuidar-se física e emocionalmente [...]".

Para uma formação que promova tais Competências, a BNCC propõe uma Educação Integral que articule formações cognitivas e socioemocionais, desenvolvimento esse em que a qualificação intelectual não se separa da promoção da autoestima, respeito recíproco e responsabilidade social. Além disso, como as Competências são qualificações que se completam durante a vida escolar, é recomendável que se dê particular atenção à ideia de Progressão, ou seja, da crescente complexidade ou dificuldade em termos de expectativas de desempenho de crianças ou adolescentes.

Um exemplo disso relacionado às Ciências da Natureza seria a descrição e compreensão de ciclos naturais por quem está entrando no Ensino Fundamental ou saindo dessa etapa, que podem ter denominações semelhantes, mas terão designação e profundidade conceitual distintas. Estudantes começando o Ensino Fundamental, mesmo antes de seu letramento, já podem desenhar o Sol sobre um lago ou nuvens de chuva, ao passo que, ao completarem essa etapa, já podem discorrer sobre o ciclo da água, estabelecendo relações causais em redação própria.

O Ensino Fundamental e as Ciências da Natureza na BNCC

Educar e cuidar de crianças nas primeiras fases da escola não é o mesmo que educar e cuidar de jovens. Por isso, vale ilustrar como, já na Educação Infantil, há elementos envolvendo as Ciências da Natureza, antecipando o que se fará no Ensino Fundamental em Campos de Experiências como "Corpo, gestos e movimentos", "Traços, sons, cores e formas", "Escuta, fala, pensamento e imaginação", "Espaços, tempos, quantidades, relações e transformações". Esse último Campo já envolve observar e denominar processos naturais, como a sucessão de dias e noites, relações causais entre diferentes fatos e necessidades orgânicas (como alimentação e repouso). Não se trata de apressar o letramento, mas de estimular observações, denominar substâncias e processo e estabelecer relações.

O Ensino Fundamental, diferentemente da Educação Infantil, é uma etapa organizada em quatro Áreas de Conhecimento: Linguagens, com seus Componentes Língua Portuguesa, Arte, Educação Física; Matemática, a um só tempo Área e Componente; Ciências da Natureza, também Área e Componente; Ciências Humanas, que integra Geografia e História; Ensino Religioso. Essa etapa se apresenta em duas Fases, "Ensino Fundamental – Anos Iniciais" e "Ensino Fundamental – Anos Finais", em atenção à Progressão, dando crescente autonomia aos estudantes em face da complexidade das Habilidades previstas em cada Competência.

Uma observação geral relativa à organização em termos de anos no Ensino Fundamental na BNCC é não a tomar como imposição do regime seriado, pois está claramente facultada em lei a opção pelo regime de ciclos, sendo mesmo proibida a retenção ou reprovação ao longo dos primeiros três anos, de forma que se trata de mera sugestão de sequência a ser considerada de forma abrangente e flexível. Na fase dos Anos Iniciais, já estando presentes as quatro Áreas, espera-se que haja professores especialistas com formação específica, como é o caso de Ciências da Natureza, ainda que caiba, mesmo a estes, alguma orientação para o emprego de eventuais recursos de experimentação. Para os Anos Iniciais do Ensino Fundamental, as orientações a seguir são para professores polivalentes responsáveis por todas as Áreas, enquanto que para os Anos Finais haverá parágrafos dirigidos aos professores responsáveis pela Área de Ciências da Natureza.

As temáticas dessa Área tratadas na primeira fase do Ensino Fundamental, ainda que possam ser relativamente específicas em aspectos biológicos, físicos ou químicos, sempre estão voltadas, sobretudo, ao desenvolvimento geral de linguagens, atitudes e procedimentos científicos. Alguns elementos relacionados, por exemplo, à cosmologia farão contato com o que também se trata em Geografia. Seria recomendável, aliás, uma consistente articulação pedagógica entre as Áreas (por exemplo: entre Arte, Matemática e Geometria; entre Geografia e Ciências da Natureza; entre Língua Portuguesa, Ciências da Natureza e Matemática), assim como uma atividade conjunta dos professores, para um planejamento conjunto e contextual. Aprender a denominar processos, sistemas e espécies, em Ciências da Natureza, pode ser um primeiro exercício para o início do letramento. Um pouco mais tarde, ao quantificar massas, densidades, temperaturas, vazões, velocidades, o estudante fará uso direto de linguagens matemáticas.

A Área de Ciências da Natureza busca dar acesso aos conhecimentos científicos, com gradativa introdução aos processos e procedimentos da investigação científica, e tecnológicos, desde a identificação de problemas, sua análise e representação até a capacidade de intervenção prática. Para tanto, apresenta um conjunto de Competências Específicas que podem ser sintetizadas como:

1. compreender as Ciências da Natureza como produção humana em permanente reelaboração e transformação;
2. dominar conhecimentos, conceitos, processos e práticas das investigações científicas;
3. analisar e explicar características, fenômenos e processos relativos ao mundo natural e tecnológico;
4. avaliar implicações sociais, ambientais e políticas das ciências e das tecnologias a elas associadas;
5. construir argumentos baseados em evidências, para defender ideias e pontos de vista;
6. utilizar diferentes linguagens e tecnologias digitais de informação para se comunicar e acessar e disseminar informações;
7. cuidar de si e dos demais, do bem-estar corporal, compreendendo e respeitando a diversidade humana;
8. agir individual e coletivamente com respeito, autonomia, responsabilidade e flexibilidade, empregando as ciências por um mundo saudável e solidário.

Três Unidades Temáticas organizam a formação em Ciências da Natureza: Matéria e Energia; Vida e Evolução; Terra e Universo, com dimensões tecnológicas e cosmológicas, cobrindo o espectro conceitual das várias ciências e seu emprego prático, avançando ao longo dos anos em Progressão consistente, com um pequeno, ainda que abrangente, conjunto de Habilidades associadas às Unidades Temáticas.

Pode-se ilustrar com alguns exemplos como as Ciências da Natureza distribuem essas Habilidades e Temáticas durante o Ensino Fundamental.

Escolhendo "Vida e Evolução" para os anos iniciais:

- Primeiro ano: "Localizar, nomear e representar graficamente (por meio de desenhos) partes do corpo humano e explicar suas funções".
- Segundo ano: "Investigar a importância da água e da luz para a manutenção da vida de plantas em geral".

- Terceiro ano: "Descrever e comunicar as alterações que ocorrem desde o nascimento em animais de diferentes meios terrestres ou aquáticos, inclusive o homem".
- Quarto ano: "Verificar a participação de microrganismos na produção de alimentos, combustíveis, medicamentos, entre outros".
- Quinto ano: "Justificar a relação entre o funcionamento do sistema circulatório, a distribuição de nutrientes pelo organismo e a eliminação dos resíduos produzidos".

Escolhendo agora "Matéria e Energia" para os anos finais:

- Sexto ano: "Classificar como homogênea ou heterogênea a mistura de dois ou mais materiais".
- Sétimo ano: "Diferenciar temperatura, calor e sensação térmica nas diferentes situações de equilíbrio termodinâmico cotidianas".
- Oitavo ano: "Construir circuitos elétricos com pilha/bateria, fios e lâmpadas ou outros dispositivos e compará-los a circuitos elétricos residenciais".
- Nono ano: "Discutir o papel do avanço tecnológico na aplicação das radiações na medicina diagnóstica (raios X...) e no tratamento de doenças (radioterapia...)".

Claramente, há elementos mais físicos, químicos, biológicos, geológicos ou astronômicos nas diferentes Habilidades, mas de forma compatível com o Componente único Ciências da Natureza no Ensino Fundamental.

Observações conclusivas para escolas sobre as Ciências da Natureza na BNCC

Para os anos iniciais do Ensino Fundamental, a BNCC optou por apresentar as Competências Específicas e Habilidades separadas pelos Componentes Curriculares em vez de simplesmente organizá-las por fase, o que dificulta o trabalho de professores polivalentes para buscar recomendações de cada componente para orientar seu trabalho em cada momento. Isso exigirá da coordenação pedagógica das escolas um esforço considerável de orientação e planejamento conjunto. Por essa razão, essa problemática mereceu neste texto algumas sugestões exemplares no que se refere ao ensino das Ciências, assim como para a participação desta em outras formações, como no letramento.

Para os anos finais do Ensino Fundamental, a BNCC também separa as Competências Específicas e Habilidades entre diferentes Componentes Curriculares, que seriam conduzidos por professores especialistas. Mas, se não houver um trabalho de articulação interdisciplinar, os estudantes padecerão da fratura disciplinar decorrente. Pontos de contato como os ilustrados entre Ciências da Natureza e Geografia, Linguagens e Matemática podem ser explorados para promover essa articulação.

Por fim, a BNCC ganhará realidade quando realmente constituir Base para Currículos, estes sim elaborados e realizados no contexto escolar, possivelmente apoiados por sistematizações em estados e municípios, e é natural que haja repercussão de curto e médio prazo na formação inicial e contínua de professores. No entanto, desde cedo começa um trabalho de interpretação e preparação para a efetivação do que a BNCC preconiza. O presente texto é uma breve contribuição nesse sentido, com ênfase nas Ciências da Natureza.

As competências socioemocionais na BNCC

Priscila Pereira Boy[3]

Quando analisamos a linha histórica da educação e, sobretudo, do espaço escolar no Ocidente, percebemos que este se estruturou em torno da transmissão dos conteúdos consagrados pela sociedade e privilegiou o pensamento lógico, ou seja, o desenvolvimento das competências cognitivas.

É inegável que os conteúdos que compõem os currículos dos componentes curriculares escolares são e sempre serão muito importantes, pois é necessário que a escola ajude e promova a busca constante pelo conhecimento e a transmissão dos saberes às próximas gerações. O que se coloca cada vez mais, no meio acadêmico, não é o abandono das práticas pautadas em saberes cognitivos e conceituais, mas uma necessidade de repensar o ser humano na sua condição inerente de totalidade, buscando integrar suas dimensões, que foram cindidas pela Modernidade.

Marcos legais e elaboração de currículos

No Brasil, os marcos legais que norteavam a elaboração dos currículos, como os Parâmetros Curriculares Nacionais e os Referenciais Curriculares para a Educação Infantil, não tinham caráter obrigatório. Recentemente, foi elaborada uma Base Nacional Comum Curricular, que, segundo o MEC: "é um documento de caráter normativo que define o conjunto orgânico e progressivo de aprendizagens essenciais que todos os alunos devem desenvolver ao longo das etapas e modalidades da Educação Básica".

O documento traz, em seu texto introdutório, dez Competências Gerais, que devem nortear o trabalho em todas as etapas de ensino. Estas estão divididas da seguinte forma:

---

3   Priscila Pereira Boy é diretora da Priscila Boy Consultoria. Também é pedagoga, mestre em Educação, escritora e palestrante.

Cognitivas
- Conhecimento
- Pensamento científico, crítico e criativo
- Repertório cultural (Cultura)

Comunicativas
- Linguagens
- Argumentação
- Tecnologias

Socioemocionais
- Autonomia e autogestão
- Autoconhecimento e autocuidado
- Empatia e cooperação
- Responsabilidade e cidadania

Podemos perceber que a educação que se espera, frente ao mundo em constante transformação, é uma educação que contemple o ser humano integral. Não somos somente seres de cognição, de aprendizagens. Somos comunicação, afetos e relacionamentos.

É preciso oferecer oportunidades de desenvolvimento integral na escola. Estamos hoje diante de um desafio: rever o que não foi alcançado no passado, que está expresso nos nossos baixos índices educacionais, sem deixar de olhar para o futuro, que requer de nós novos olhares sobre as necessidades da modernidade, tais como educar para desenvolver competências para a vida, o convívio e o mercado de trabalho. Dentro dessa perspectiva, as competências socioemocionais têm um papel muito grande. Percebe-se que as pessoas são contratadas por terem altas competências cognitivas, que estão expressas em seus currículos e sua formação acadêmica, mas são demitidas pela ausência do desenvolvimento de suas competências socioemocionais.

Conceito de competências socioemocionais

Em linhas gerais, competências socioemocionais se referem à capacidade de mobilizar, articular e colocar em prática conhecimentos, valores, atitudes e habilidades para se relacionar com os outros e consigo mesmo, assim como estabelecer e atingir objetivos e enfrentar situações adversas de maneira criativa e construtiva. São capacidades individuais que podem ser manifestadas em pensamentos, sentimentos e comportamentos de cada pessoa.

Embora seja consenso que aprender não envolve somente os aspectos cognitivos, as políticas de avaliação e os indicadores do país permaneceram voltados para esses aspectos, não abrangendo as facetas emocionais e sociais dos estudantes. É necessário integrar as práticas pedagógicas no processo de ensino-aprendizagem.

Não podemos permitir que somente a cognição esteja presente na sala de aula: todos nós temos emoções, sentimentos, necessidade de criar vínculos e relacionamentos com os colegas, professores, familiares e amigos, enfim, com o mundo. Temos momentos de risos, de choro e tristeza, nos deparamos com situações de sofrimento, injustiças e em muitas delas precisamos estar fortalecidos. Somos seres de relação, repletos de vida. Há infinitos universos dentro e fora de nós — não há como fugir disso.

Diante do que vemos, é necessário pensar em práticas inovadoras, consistentes e bem embasadas, que privilegiem não só a cognição, mas também os aspectos socioemocionais dos alunos como caminhos para a aprendizagem e sucesso escolar.

Como desenvolver as competências socioemocionais

O maior desafio das escolas, hoje, é fazer a transposição da teoria para a prática. Esses desafios são diferentes, levando-se em conta alguns grupos distintos: estudantes, professores e familiares.

Proposta em relação aos estudantes

O maior foco deve ser promover o desenvolvimento pleno e integral dos alunos, a fim de garantir a aprendizagem efetiva e ampliar as chances de construção de projetos de vida. Para isso, é necessário que nossas práticas contribuam para o fortalecimento das competências de todas as crianças e jovens, para que possam se tornar adultos que continuam aprendendo e produzindo. É necessário resgatar o desejo de aprender, o prazer e a paixão pelo saber, motivá-los para comparecer à escola de corpo, alma e coração.

É muito importante também trabalhar com atividades colaborativas, em grupo, em que cada um exerce uma função e compartilha ideias. Essas metodologias proporcionam um olhar para a diversidade de ideias, a criatividade, a negociação e o reconhecimento da importância do outro.

Proposta em relação aos professores

Transformar a prática educativa passa necessariamente pelo professor. É preciso transformar a sala de aula em direção a um espaço para o desenvolvimento integral e resgatar o prazer e o orgulho de ser professor.

Segundo Meier e Garcia (2007), a escola deve promover muitas experiências de sucesso e oportunidades de conquistas reais para que os alunos desenvolvam um sentimento positivo em relação a si mesmos. O professor deve, além disso, incentivar processos metacognitivos para que os alunos tomem consciência de suas próprias competências para o aprender, ou seja, para que percebam a dimensão do seu envolvimento e da sua responsabilidade pelo sucesso. Assim, é importante que o professor ofereça *feedbacks* não só em relação às habilidades cognitivas envolvidas (por exemplo, interpretar corretamente a tarefa, colher os dados e acionar os conhecimentos disponíveis necessários à sua execução), mas também em relação às habilidades socioemocionais, como a capacidade de controlar a ansiedade, prestar atenção e concentrar-se na execução das tarefas.

A utilização dessa gama mais alargada de conhecimentos e competências será mediada por atitudes e valores (por exemplo: motivação, confiança, respeito pela diversidade e virtude). As atitudes e valores podem ser observados nos níveis pessoal, local, social e global.

Enquanto a vida humana é enriquecida pela diversidade de valores e atitudes decorrentes de diferentes perspectivas culturais e traços de personalidade, existem alguns valores humanos (por exemplo: respeito à vida e à dignidade humana e respeito ao meio ambiente, para citar dois) que não podem ser comprometidos.

Virtudes e valores

Os valores podem ser definidos com base no grau de importância que damos a alguma coisa ou ação. São atribuições dadas pelo ser humano a questões relacionadas à vida. Há vários tipos de valores. Em um primeiro momento, eles não são caracterizados nem como bons nem como maus, mas, à medida que os qualificamos, passam a ser desejáveis ou desprezíveis. Há quem valorize a convivência, outros a ostentação; há quem valorize mais a vida simples, outros dão valor à família, e por aí vai. Os valores de uma pessoa são construídos e influenciados pela cultura, época, religião ou meio onde vive e, portanto, podem ser objetos de reflexividade na educação.

As virtudes, por sua vez, constituem os fundamentos éticos, morais e espirituais que formam a consciência do ser humano. Os gregos definiam a virtude como uma qualidade moral exclusivamente humana. Segundo o pensamento deles, os animais agiriam exclusivamente por instinto. São as virtudes que nos direcionam para fazer o bem. Essa inclinação em buscar o bem pode ser uma busca pelo bem-estar individual, mas é possível desenvolvê-la para a busca do bem comum, numa atitude altruísta.

Por que desenvolver habilidades socioemocionais na escola?

As crianças que entrarem na escola a partir de agora precisarão desenvolver soluções para novos problemas mundiais. Destacamos três grandes desafios, expressos nas competências socioemocionais citadas na BNCC e que, segundo a OCDE, merecem um olhar especial na elaboração de novas práticas na escola:

1. **Ambientais:** é necessário abandonar a noção de que os recursos são ilimitados. Os alunos deverão ser levados a valorizar a prosperidade comum, a sustentabilidade e o bem-estar. Eles precisarão ser responsáveis.
2. **Econômicos e científicos:** O conhecimento científico está criando novas oportunidades e soluções que podem enriquecer nossas vidas, mas, ao mesmo tempo está alimentando ondas disruptivas de mudança em todos os setores. Uma inovação sem precedentes em ciência e tecnologia, especialmente em biotecnologia e inteligência artificial, está levantando questões fundamentais sobre o que é ser humano. É hora de criar novos modelos econômicos, sociais e institucionais que busquem uma vida melhor para todos.
3. **Sociais:** À medida que a população mundial cresce, a migração, a urbanização e o aumento da diversidade social e cultural estão modificando comportamentos, países e comunidades. Em grande parte do mundo, as desigualdades nos padrões e nas oportunidades de vida estão aumentando.

A menos que tenha um propósito, o rápido avanço da ciência e da tecnologia pode ampliar desigualdades sociais, causar fragmentação do ser humano e aceleração do esgotamento de recursos. Por esse motivo é fundamental pensar em competências que estejam além das cognitivas na escola, pensar em ações de autoconhecimento e fortalecimento da autoestima, sem deixar de ver o outro e o mundo. A educação tem um papel vital no desenvolvimento do conhecimento e de

habilidades, atitudes e valores que permitam às pessoas contribuir e se beneficiar de um futuro inclusivo e sustentável. Desta forma, a tecnologia poderá ajudar muito, promovendo soluções para o planeta e para as pessoas.

O papel da família

Os contatos com os familiares são as primeiras relações que desenvolvemos ao longo da vida. A influência da família na formação do ser humano é inquestionável. A constituição do ser humano passa pelas relações que ele estabelece ao longo de sua vida, seja na família ou nas instituições e grupos sociais que ele frequenta: escola, igreja, vizinhança, entre outras. É a família que estrutura as bases de qualquer pessoa, de modo especial, na infância. A família é a influência mais poderosa no desenvolvimento da personalidade e na formação da consciência, dos valores e virtudes dos indivíduos.

Por esse motivo, é fundamental envolver a família no processo educativo, bem como esforçar-se por entender o percurso de vida de cada aluno. Criar momentos de encontro e formações para as famílias é uma boa estratégia, que poderá ajudar na educação dos filhos, na mudança de comportamento e formação da personalidade deles.

Uma boa solução para esse envolvimento das famílias é montar uma "escola de pais", que consiste em encontros mensais ou bimestrais, para falar sobre algum tema, estudar um livro sobre educação de filhos ou conversar sobre temas que ajudarão as famílias na educação dos seus filhos além de promoverem uma parceria, reforçando os laços afetivos entre eles e com a escola. Veja alguns temas que podem ser abordados em uma escola de pais, por etapa de ensino:

Etapas	Possíveis temas
Educação Infantil	Desenvolvimento infantil, linguagem oral, comportamentos da infância (birras, desobediência, mordidas, divisão e cuidado com os brinquedos).
Anos Iniciais	Regras e combinados, afetividade, desenvolvimento da autoestima e da autoimagem, organização do horário e técnicas de estudo, alimentação, valores essenciais.
Anos Finais	Afeto e limites, *bullying*, responsabilidade, virtudes, compromisso com a escola, mudanças da idade (puberdade), horário de estudo, "para casa".

Etapas	Possíveis temas
Ensino Médio	Sexualidade, drogas, carreiras profissionais, relações interpessoais, meio ambiente, respeito às diferenças, organização do horário de estudo, projeto de vida.

Outra prática de resultado é a indicação de livros, textos, *blogs* e canais para que os pais tenham acesso a material de estudo, plataformas interativas e momentos de partilha e possibilidades para tirar suas dúvidas.

Comportamento e personalidade

Para entender melhor o ser humano e desenvolver suas habilidades socioemocionais, precisamos distinguir dois conceitos: comportamento e personalidade.

O perfil comportamental das pessoas é algo inato; porém, também pode ser influenciado pelo contexto familiar e pelo meio. Há ferramentas confiáveis para identificar o perfil comportamental das pessoas. Esse procedimento ajuda muito os educadores a compreender seus alunos e a auxiliá-los no desenvolvimento de competências nas quais ainda não estão muito bem desenvolvidos. Também pode provocar uma revolução na forma de lidar com as pessoas, além de potencializar a utilização da fortaleza do perfil de cada um nos grupos de trabalho.

Entender o comportamento da nova geração nos ajudará a definir currículos mais assertivos. Da mesma forma, entendendo o perfil dos professores e colaboradores, teremos mais clareza sobre como gerir pessoas do século XXI. Cada um dos padrões comportamentais tem um valor único em termos de características gerais, motivações, contribuições para a equipe e para a organização, ou seja, não há um melhor do que outro.

A maioria dos testes para identificar o perfil das pessoas tem como base a avaliação de combinações de quatro perfis básicos e diferentes. Há várias combinações possíveis de predominâncias e níveis diferentes para esses quatro perfis, que geram personalidades singulares, índices e percepções de mundo variadas. É importante lembrarmos que cada indivíduo é único, mas ainda assim pertence a um grupo. Fazer o investimento em um mapeamento de perfil, tanto dos alunos como dos docentes, é uma ótima escolha para que se faça um "diagnóstico inicial" do grupo com o qual se vai trabalhar.

Citamos como exemplo o programa chamado "*Self* Interior"[4].

A ideia é tirar uma *selfie* de você por dentro, identificando suas características e seu perfil comportamental. Existe o relatório para alunos e para profissionais. A proposta é que a ferramenta seja um diagnóstico inicial em programas de formação de professores e na elaboração de itinerários formativos para alunos, em relação ao seu projeto de vida. Com o teste é possível identificar o mapa de competências da pessoa e ver o que precisa ser desenvolvido.

O interessante é que a ferramenta é que aponta o perfil, e não o olhar humano subjetivo. O programa tem sido levado às escolas para subsidiar programas de desenvolvimento profissional e pessoal.

A personalidade tem sua origem no termo "*persona*", que era utilizado no teatro antigo para representar as emoções dos atores. Em Psicologia, relaciona-se com as características pessoais, como temperamento e caráter da pessoa. O ser humano nasce com uma inscrição biológica na qual estão inscritas diversas informações genéticas, entre elas, a do temperamento. Ao longo da vida, com o meio e as relações que desenvolve, ele vai construindo o seu caráter. A soma do temperamento mais o caráter é o que chamamos de personalidade.

Uma teoria psicológica organizou os "Fatores de Personalidade", denominando-os de "Big 5", ou seja, os cinco fatores de personalidade. O Big 5 descreveu dimensões humanas básicas de forma consistente e replicável: neuroticismo, extroversão, abertura a novas experiências, simpatia e conscienciosidade.

A personalidade humana não abrange somente os elementos e aspectos individuais e psicológicos do indivíduo, mas também um conjunto de virtudes que o tornam mais íntegro e correto em seu agir.

---

4   Para conhecer o programa, solicite informações pelo *e-mail*: prisciliaboy@terra.com.br.

Podemos considerar duas faces simultâneas na construção da personalidade. Uma delas é constituída pelos elementos que permanecem constantes, a outra diz respeito às mudanças que uma pessoa sofre, tanto do ponto de vista do amadurecimento e envelhecimento fisiológico como em relação às experiências do dia a dia.

Entender a personalidade das pessoas nos ajuda no relacionamento com elas. Conhecer a nossa personalidade nos ajuda a desenvolver melhor nossos potenciais e a trabalhar aquilo que precisamos melhorar.

Práticas metodológicas variadas, que envolvam a arte, os jogos, os ambientes colaborativos, os diálogos e partilhas, devem ser incorporados ao cotidiano da escola.

Conclusão

Trabalhar as competências socioemocionais na escola é trabalhar na perspectiva de um ser humano integral. Investir no trabalho com valores e virtudes, e conhecer o comportamento e a personalidade das pessoas, nos ajudará a vencer o desafio de construir um mundo mais justo, solidário e inclusivo.

Referências

ABED, Anita. Implicações do olhar psicopedagógico na prática pedagógica: as artes e o lúdico como caminhos para a construção do pensamento complexo. In: *Revista Construção Psicopedagógica*. São Paulo: Instituto Sedes Sapientiae, v. 18, n. 17, 2010. Disponível em: <www.recriar-se.com.br>. Acesso em: 30 jan. 2019.

JUNG, Carl. *Tipos psicológicos*. Rio de Janeiro: Zahar, 1976.

MEIER, Marcos; GARCIA, Sandra. *Mediação da aprendizagem*: contribuições de Feuerstein e Vygotsky. Curitiba: Edição do Autor, 2007.

MERY, Janine. *Pedagogia curativa escolar e Psicanálise*. Porto Alegre: Artes Médicas, 1985.

Habilidades socioemocionais: como turbinar o projeto de vida do jovem

Alfredo Carlos Gomes da Costa[5]

Estimado(a) educador(a), este texto é um convite para conversarmos sobre o projeto de vida das novas gerações e outros assuntos correlacionados: identidade, presença educativa, o ser humano integral, processos de ensino/aprendizagem e aprendizagem/ensino, habilidades socioemocionais, atitude básica diante da vida, propósito de vida e autossuperação.

Como você poderá perceber nas linhas seguintes, não sugiro uma proposta idealista (ênfase teórica desvinculada da prática) nem pragmática (enfoque prático divorciado da teoria). Na verdade, a ideia é buscarmos a "terceira margem do rio", batizada de **práxis** – a unidade indissolúvel entre ideias e ações –, visando pensar a prática e praticar o pensamento. Minha proposta é, portanto, a de costurarmos os valores com os princípios, a visão com a ação, o alinhamento conceitual com o operativo. Trata-se, enfim, do feliz enlace entre a teoria e a prática.

Você sabia que o ser humano nasce duas vezes em uma mesma vida? É isso mesmo! Segundo Cláudia Jacinto, conceituada psicóloga social argentina, o primeiro nascimento ocorre quando o bebê sai da barriga da mãe. Assim, nasce para a família e também para a humanidade, tornando-se mais um nas estatísticas do Censo populacional. O segundo nascimento ocorre durante a adolescência, quando o jovem começa a ser confrontado com duas tarefas existenciais: a de plasmar sua **identidade** e a de construir o próprio **projeto de vida**.

---

5   Alfredo Carlos Gomes da Costa é pedagogo, palestrante, consultor, especialista em desenvolvimento humano e metodologias inovadoras no campo da educação integral das novas gerações. Trabalhou para mais de duzentas organizações em todo o país.

A criança é um ser dependente dos adultos, e as regras da vida, ao longo da infância, são definidas pelos pais, professores e educadores. No entanto, quando ela chega à adolescência, esse cenário começa a mudar. O adolescente rejeita, muitas vezes, as decisões do mundo adulto sobre a sua vida. Ele quer assumir o comando da própria existência.

Há adolescentes que se agarram às oportunidades educativas como se fossem âncoras preciosas de suas vidas: aproveitam bem os estudos, valorizam as atividades de capacitação para o mundo do trabalho e participam assiduamente de atividades culturais, esportivas, recreativas e muitas outras modalidades formativas.

Alguns adolescentes, entretanto, sentem-se tolhidos e bloqueados, tendendo ao isolamento. Outros, em vez disso, ficam desorientados ou revoltados, ironizam as regras e são tentados a experimentar de tudo na busca de si mesmos. Assim, ao se aventurarem nessa procura, não é raro que se percam, envolvendo-se com fatores de risco: *bullying*, drogas, bebidas alcoólicas, doenças sexualmente transmissíveis, más companhias e muitos outros sérios equívocos, às vezes irreversíveis.

Os estudantes que "abraçam" as oportunidades educativas estão abertos para o futuro. Esses jovens sabem o que querem e têm bons motivos para seguirem em frente. Percebem que suas necessidades de desenvolvimento extrapolam os limites das salas de aula e dos muros da escola. Desse modo, valorizam também a educação familiar, as diversas formas de educação comunitária, a educação para o mundo do trabalho e a educação midiática, sem deixarem de ver as modalidades artísticas, esportivas, culturais e recreativas como caminhos promissores de uma educação *para* e *pela* vida.

Os adolescentes que enveredam pelos descaminhos dos fatores de risco pessoal e social costumam viver no "aqui e agora". Ilhados no imediatismo, um verdadeiro devorador de horizontes, muitas vezes sinalizam, à sua maneira, "**pedidos de socorro**": as suas inquietações, cobranças descabidas, estratégias para chamar a atenção, indiferenças e rebeldias tendem a revelar que esses estudantes têm baixos níveis de autoconfiança (não confiam no próprio taco), de autoconceito (têm pensamentos negativos sobre si mesmos) e de autoestima (não gostam de si próprios), exatamente por ainda não terem plasmado a própria identidade, ou seja, por ainda não terem conseguido se compreender e se aceitar.

Diante disso, caro(a) professor(a), seu desafio é ajudar o adolescente a ajudar-se, encontrando-se consigo de modo autêntico e edificante. Como você pode fazer isso? Buscando **fazer-se presente** na vida do estudante de forma atenta, metódica e deliberada. A dica que eu compartilho, nesse sentido, é a seguinte: use e abuse dos "pequenos nadas"! Um "Bom dia!", um "Vá com Deus", um "Ontem você faltou e eu senti a sua ausência"; um abraço, um conselho, uma palavra amiga; o compartilhamento de uma alegria ou mesmo de uma dificuldade, uma escuta qualificada, além de uma série de outros ingredientes desse tipo, tudo isso modifica a qualidade das relações humanas estabelecidas. Trata-se do exercício de uma influência construtiva, intencional e duradoura na vida do estudante.

Os "pequenos nadas" representam, portanto, um elenco de atitudes e palavras simples que, quando externadas e vivenciadas de forma autêntica, podem gerar um impacto educativo dos mais importantes na vida do estudante. Você pode funcionar como um "espelho existencial" para o adolescente, passando para ele a feliz sensação de ser compreendido e aceito por alguém. Trata-se de um pré-requisito do qual o ser humano precisa para se compreender e se aceitar verdadeiramente, conhecendo e reconhecendo os seus pontos fortes e fracos, as suas luzes e sombras, as suas potencialidades e limitações, de modo positivo e propositivo. O nome disso é **identidade**.

Ninguém é capaz de construir um projeto de vida consistente e realista sem antes ter plasmado a própria identidade. Como fundamentar a questão "Onde estou, para onde vou, o que e como fazer para chegar lá?" (projeto de vida) sem a devida clareza sobre "Quem sou eu?" (identidade), não é mesmo?

Você já ouviu falar de alguém que vive o sonho de outra pessoa? De pais que definem, de modo consciente ou não, projetos de vida para os filhos? De adolescentes que "compram" desejos nas redes sociais, por exemplo, como se fossem os próprios desejos? Assim, compartilho com você outra questão fundamental, que pode ser trabalhada com os estudantes: **"De quem é o seu sonho?"**. Essa é uma questão que, apesar de simples, possui um valor educativo singular, pois enseja a vocação para ajudar o estudante a entrar em sintonia consigo, buscando identificar seus reais desejos, expectativas e anseios em relação ao futuro, que depende das escolhas e experiências do presente.

Permita-me, agora, narrar um fato verídico.

Uma determinada escola estava avaliando o desenvolvimento dos estudantes, e logo vieram aqueles conhecidos rótulos: o grupo "excelente", o time "ótimo", a turma "boa" e, ainda, aqueles que eram carimbados como "regulares". Um menino, porém, se destacou dos demais, porque foi classificado como "fraco". Os comentários e os depoimentos recorrentes entre os professores e as professoras sobre esse estudante tinham sintonia com frases do tipo: "Ele tem dificuldades de análise, síntese e interpretação de textos", "É evidente a sua dificuldade para fazer cálculos e resolver problemas", entre outras. Houve, inclusive, uma curiosa observação, feita por uma de suas professoras: "Esse menino é muito esquisito. Ele fica pelos cantos da sala pulando feito um sapo!"... Esse estudante era, no entanto, Rudolf Nureyev, que se tornou um dos maiores bailarinos do século XX!

Qual é a lição que podemos tirar desse *case*? Vamos direto ao ponto! O olhar dos professores daquela escola em relação aos estudantes era claramente tradicionalista: perceber o educando somente pelo ponto de vista cognitivo. A sensibilidade, a abertura e o compromisso para com as outras capacidades do educando não se faziam presentes na ótica daquele corpo docente. Era como se o professor ou a professora utilizasse óculos nos quais uma lente era de natureza linguística e a outra, de natureza lógico-matemática; e tudo aquilo que o estudante trouxesse de bom consigo, mas que se distanciasse do crivo de tais lentes, era descartado.

A **BNCC** (Base Nacional Comum Curricular) regulamenta um elenco de aprendizagens vitais a serem desenvolvidas nas escolas brasileiras (públicas e particulares), nos níveis da Educação Infantil, Ensino Fundamental e Ensino Médio. Trata-se de um documento que visa assegurar o direito à aprendizagem de modo alinhado com a **formação integral dos estudantes**: o desenvolvimento do humano em sua inteireza e complexidade.

O artigo 2º da LDB (Lei de Diretrizes e Bases da Educação Nacional – Lei nº 9394/96) é alinhado com este propósito:

> Art. 2º A educação, dever da família e do Estado, inspirada nos princípios de liberdade e nos ideais de solidariedade humana, tem por finalidade o pleno desenvolvimento do educando, seu preparo para o exercício da cidadania e sua qualificação para o trabalho.

As finalidades desse artigo destacam uma ampla visão do humano: "[...] tem por finalidade o pleno desenvolvimento do educando, seu preparo para o exercício da cidadania e sua qualificação para o trabalho". Trata-se de um ideal que nos autoriza a interpretá-lo sob a ótica da educação integral, uma vez que trabalhamos pela formação do jovem como:

- uma **pessoa** "resolvida", ou seja, autêntica, ética, criativa, sensível, autônoma, determinada, empática e resiliente;
- um **cidadão** participativo, fraterno, altruísta, solidário e com forte senso de pertencimento à família humana;
- um **profissional** proativo, competente, colaborativo, flexível, polivalente, inovador e que sabe trabalhar em equipe.

Para viabilizarmos esse ideal antropológico (visão de ser humano), quem você considera que deve ser o protagonista da ação educativa: o professor ou o estudante? Do ponto de vista do ensino, o professor é o protagonista do processo, dominando conceitos, metodologias e ferramentas formativas. Pela ótica da aprendizagem, o estudante assume o protagonismo das atividades, contando com a presença, a orientação e o apoio dos educadores. Ensinar sem ninguém aprender é a mesma coisa que vender sem ninguém comprar. **Ensino/aprendizagem** e **aprendizagem/ensino** andam de mãos dadas!

Creio que, aqui, vale a pena evidenciar que os adolescentes são pessoas em condição peculiar de desenvolvimento. Isso significa que essa fase da vida implica modos de ser, conviver, brincar, estudar, produzir e transcender diretamente influenciados pelo estágio de maturidade emocional e cognitiva em que se encontram: as suas características peculiares para lidar com as **múltiplas modalidades de aprendizagens e emoções**. O adolescente precisa incorporar conteúdos de natureza cognitiva sem jamais abrir mão das habilidades socioemocionais essenciais à construção de um consistente e edificante projeto de vida.

Existem estudos* sobre como o cérebro humano processa a aprendizagem, em termos de incorporação dos conteúdos. As pessoas aprendem:

- 10% pela via da leitura;
- 20% pela via da escuta;
- 30% por intermédio da observação;

- 50% pela combinação do que se vê e escuta;
- 70% pelo intercâmbio de ideias e pontos de vista com as outras pessoas;
- 80% pelas vivências e experiências (fazer/realizar);
- 95% pela prática de organizar, planejar e capacitar outras pessoas.

(*Fonte: UNINTER)

É muito bem-vindo, portanto, que as escolas brasileiras adotem um "Combo Metodológico" para atender à pluralidade dos formatos de aprendizagem que os estudantes necessitam e requerem. Assim, o **didatismo** (aulas expositivas) pode ser mais equilibrado com outras metodologias formativas, como:

- o **autodidatismo**, incentivando o estudante a se desenvolver também por conta própria, de acordo com o seu melhor estilo de aprendizagem, ritmo e peculiaridades, buscando atuar como um "caçador de conteúdos";
- as **didáticas cooperativas**, estimulando o espírito do trabalho em equipe; o desenvolvimento das capacidades de liderar e ser liderado; de ser flexível; de tomar decisões (pessoais e coletivas) bem fundamentadas;
- o **construtivismo**, incentivando o desabrochar das capacidades de inovar, criar, inventar e solucionar problemas práticos ou teóricos.

A **BNCC** apresenta a sistematização de uma série de **competências socioemocionais** que os estudantes precisam dominar. Entre estas, selecionamos e interpretamos um elenco de habilidades intercomplementares que, se devidamente incorporadas e desenvolvidas, concorrem para turbinar o projeto de vida das novas gerações. Cada estudante precisa ser estimulado e orientado para:

1. plasmar a própria **identidade**, lidando de forma construtiva e equilibrada consigo mesmo e com os outros;
2. assumir o **protagonismo** nos processos de criação e desenvolvimento de projetos educativos;
3. incorporar o **espírito colaborativo** para criar, estudar, trabalhar e produzir em times, grupos ou equipes;
4. desenvolver a **autonomia**, sabendo analisar situações e tomar decisões construtivas e bem fundamentadas diante delas;
5. definir **metas e estratégias** de vida, transformando dados em atos, atos em fatos e fatos em resultados;

6. fazer a "**leitura do mundo**", interpretando criticamente os acontecimentos e as situações nos ambientes físicos e virtuais;
7. **resolver problemas** teóricos e práticos do cotidiano;
8. ultrapassar os próprios limites, crescendo com as adversidades (**autossuperação**);
9. dialogar com os diversos valores, princípios, pontos de vista e crenças humanas, respeitando a **pluralidade cultural**;
10. desenvolver a **empatia**, externando uma sensível disposição de sentir, olhar e pensar com o coração, os olhos e os pontos de vista dos outros.

As **habilidades socioemocionais** precisam descer ao "chão das atividades formativas". Assim, a ação educativa dirigida às novas gerações pode considerar: o potencial do adolescente como *base*, as metodologias ativas como *meio*, e a formação integral do jovem como *fim*.

A estratégia em pauta requer que o educador dedique tempo, conhecimento, experiência, presença e exemplo aos estudantes, criando oportunidades educativas para que estes "coloquem a mão na massa" – essência do princípio "aprender fazendo".

O foco estratégico, portanto, é o de ajudar o adolescente a estabelecer alguns *links* poderosos entre **quatro eixos formativos**, que são **intercomplementares, convergentes e sinérgicos**:

- O estudante assume o protagonismo nos processos de concepção, planejamento, execução, avaliação e apropriação dos resultados de **projetos educativos** (fazer).
- O estudante associa as aprendizagens obtidas no desenvolvimento do projeto educativo com questões ligadas à sua **iniciação ao plano de carreira** (empreender, no sentido mais amplo do termo).
- O estudante estabelece as relações entre os resultados obtidos nos processos de iniciação ao plano de carreira com a realização dos próprios sonhos e desejos do seu **projeto de vida** (realizar).
- O estudante reflete sobre as conexões do projeto de vida ("O que eu quero ser? O que estou fazendo com a minha vida?") com o seu **propósito de vida** (transcender).

Você, educador(a), já deve estar se perguntando como implantar e desenvolver os quatro eixos formativos que acabei de citar. Veja, a seguir, algumas dicas e sugestões para a ação, que podem ser úteis ao nosso **alinhamento operativo**:

1. Promova, com os estudantes, pesquisas sobre projetos de vida inspiradores.
2. Levante situações-problema que sejam interessantes para eles.
3. Incentive a formação de times de adolescentes por afinidade temática.
4. Estimule e oriente os estudantes a desenvolverem projetos que resolvam problemas reais na sala de aula, na escola, na comunidade educativa ou na vida social mais ampla.
5. Procure apoiar e orientar os adolescentes a darem um "salto triplo":

    a. o *primeiro salto*, incentivando-os a fazer *links* entre as aprendizagens obtidas ao longo do desenvolvimento do projeto educativo com as questões ligadas à sua iniciação ao plano de carreira: "Qual é a área de conhecimento à qual você pretende dar sequência no Ensino Médio?", "Qual é o curso de nível técnico ou superior que você almeja?", "Você despertou perspectivas que sinalizam ideias sobre o seu primeiro possível emprego ou trabalho? Por quê?";

    b. o *segundo salto*, estimulando-os a estabelecer as relações entre as metas e os resultados obtidos nos processos de iniciação ao plano de carreira com a realização dos próprios sonhos e desejos do seu projeto de vida nos campos familiar, acadêmico, profissional, material e financeiro, por exemplo;

    c. o *terceiro salto*, criando condições favoráveis para que cada estudante possa refletir sobre os avanços, conquistas e aprendizados obtidos na construção do seu projeto de vida ("O que estou fazendo com a minha vida?") com o seu propósito de vida: "O que eu vim fazer aqui?", "O que o universo espera de mim?", "Qual é a minha missão de vida?". Nesse processo, o desafio existencial é a incessante busca da conexão entre a vontade da criatura (o humano) com a ordenação do criador (o deus em que cada um acredita).

Que tal finalizarmos esta nossa conversa utilizando uma metáfora? O mundo é um grande condomínio. Cada pessoa pode ser representada por uma casa, que é construída com distintos materiais, diversos estilos e variados acabamentos e tamanhos. É certo, porém, que a edificação da "casa própria" é uma tarefa que não se pode transferir ou delegar. Somente você responde por sua construção, reforma e aprimoramento pessoal. Seja o arquiteto de si mesmo. Torne-se o engenheiro da própria existência. Você deve ser o principal responsável por si mesmo.

Há pessoas que têm bons sonhos, mas não agem para realizá-los. Há quem visualize grandes projetos pessoais, mas sente vergonha, falta de confiança para externá-los ou falta de motivação para correr atrás dos seus objetivos de vida. Outros teorizam muito sobre as suas metas, perdendo-se em sonhos que não descem ao chão da realidade: vivem somente no plano das ideias e dos ideais. E é possível afirmar, ainda, que existem pessoas desenhando a planta da "casa própria" sem dinamizar o universo para que tudo saia do papel.

As pessoas precisam identificar as próprias forças e fraquezas, luzes e sombras, potencialidades e limitações, oportunidades e ameaças, desafios e obstáculos. As paredes da casa de cada um representam a formação da **identidade**, que responde à pergunta "*Quem sou eu?*".

Vale lembrar que a construção da identidade vai muito além do autoconhecimento. Tudo o que você sabe sobre si mesmo representa apenas uma pequena parcela do que você realmente é. Para que o levantamento das paredes de sua casa seja concluído, você precisa também aceitar-se autenticamente: reconhecer-se do jeito que é.

A sua habitação requer um teto, cuja construção pode ser composta com o que você tem de melhor consigo: o seu potencial. O telhado da "casa própria", portanto, é o seu **projeto de vida** ("O que eu vou ser?"), ou seja, o que você quer ser como pessoa, cidadão e profissional. Você tem clareza dos objetivos, metas e estratégias necessários para transformar as suas melhores promessas em realidade? Como se vê, não dá para começar a edificação da "casa própria" pelo telhado. Nós, com certeza, temos de deixá-lo suficientemente firme e alinhado com as paredes da casa (identidade).

As paredes e o telhado precisam estar estruturados sobre uma sólida base para protegê-lo(a) das intempéries da vida. Chuvas, nevascas, tempestades, raios, calor e luz em excesso podem prejudicar todo o projeto. A vida humana é repleta de imponderáveis: situações imprevistas e que, por isso mesmo, estão fora do nosso controle. Para que o teto e as paredes não sucumbam ou, de antemão, não sejam edificadas de modo frágil, é preciso prestar muita atenção no alicerce da sua residência. A orientação para a construção de um alicerce bem seguro passa por uma expressão vital: **relações humanas**. As formas pelas quais as pessoas se relacionam umas com as outras revelam muito sobre quem elas são. As maneiras de você se relacionar com os outros explicitam a essência sobre quem você é. Não abra mão, portanto, de zelar pela qualidade dos seus relacionamentos. Pense nisso: "Como eu me relaciono com as outras pessoas?".

A **atitude básica diante da vida** é constituída por um somatório de pequenos atos. Essa atitude básica peculiar de cada pessoa, nas mais diversas situações, pode ser representada pelas janelas da casa: "Como eu contemplo as paisagens da minha vida? Com altruísmo ou egoísmo? De modo proativo ou reativo? De maneira otimista ou pessimista? De forma criativa ou repetitiva?".

Para finalizar a construção da casa própria, temos a chaminé, que representa a **transcendência**: ir além do que se é, ultrapassando os próprios limites. Conheci um lindo exemplo de autossuperação em Recife, participando de um evento promovido e realizado pela Secretaria de Educação de Pernambuco. Um dos palestrantes era o astronauta Marcos Pontes que, emocionado, compartilhou com a audiência um conselho que lhe foi dado por sua mãe: "Estude, trabalhe, persista e faça mais do que as pessoas esperam de você!". Essas palavras lhe serviram como uma bússola, revestindo-se de significado e sentido à realização do seu projeto de vida. Vale, portanto, sempre termos esta questão em mente quando o assunto é transcendência: "O que eu faço a mais?".

Em síntese, vamos visualizar as cinco etapas básicas da construção da "casa própria", com as suas respectivas indagações: as paredes (identidade): "Quem sou eu?"; o teto (projeto de vida): "O que eu vou ser?"; o alicerce (relacionamentos): "Como eu me relaciono com os outros?"; as janelas (atitude básica diante da vida): "Como eu contemplo as paisagens da minha vida?"; e a chaminé (transcendência): "O que eu faço a mais?".

As habilidades socioemocionais mencionadas neste texto, assim como muitas outras propostas pela **BNCC**, são essenciais para todo ser humano desenvolver o melhor do seu potencial. O "abraço" entre as habilidades socioemocionais e as habilidades cognitivas se concretiza na formação integral do humano. As novas gerações precisam incorporar conteúdos de natureza cognitiva sem jamais abrir mão das habilidades socioemocionais, essenciais para ajudá-las a transformar seus sonhos em projetos, projetos em atos, atos em fatos e fatos em resultados. O adolescente tem o direito de se encontrar consigo mesmo e com os outros, construtivamente, olhando para o futuro sem medo e sentindo-se preparado para chegar lá!

Perspectiva da inovação pedagógica

Fernando Moraes Fonseca Junior[6]

> *"Se, a princípio, a ideia não é absurda, então, não há esperança para ela."*
>
> **Albert Einstein**

Muitos professores fazem da inovação pedagógica um exercício permanente. Buscam reproduzir, adaptar ou criar abordagens mais eficazes e motivadoras para seus alunos. Não se conformam com o desinteresse e a infindável repetição de fórmulas desgastadas, mesmo de algumas que de certo modo "dão certo". Observam, compilam, pesquisam e interpretam cada contexto de aula, de cada turma e de seus alunos, para desenharem suas abordagens. Não lhes falta *ousadia, imaginação* e *boas hipóteses sobre como se aprende melhor os campos de conhecimento com os quais trabalham*. Esses professores precisam estimular essas características com frequência para que se sintam motivados e com boas expectativas em relação às suas aulas. Acreditam que sempre é possível melhorar uma abordagem e oferecer uma experiência de aprendizagem mais intensa, profunda e abrangente.

Em geral, a inovação é um movimento criativo que busca mudar ou transformar algo. Embora às vezes possa resultar em mudanças menos adequadas que suas versões anteriores, o sentido da inovação é a melhoria e a superação de algo que, então, se torna obsoleto. Assim tem ocorrido, por exemplo, na indústria. A inovação e a obsolescência são parte de um processo de renovação contínua dos produtos de modo a impulsionar o consumo, como ocorre com os *smartphones* e automóveis: todo ano há lançamento de modelos melhores e a desativação de modelos que se tornaram obsoletos.

---

[6] Fernando Moraes Fonseca Junior é pedagogo, mestre em Educação pela PUC-SP e especialista em inovação e transformação digital na educação.

Há também um tipo mais raro de inovação que rompe paradigmas e cria algo novo. Nem sempre é fácil perceber quando estamos diante desse tipo de inovação. Por vezes é necessário colocar em perspectiva histórica. Vejamos o automóvel: inicialmente, parecia apenas uma carruagem melhorada, mas o tempo se encarregou de mostrar que era uma grande revolução, com potencial de redesenhar as cidades e reorganizar a economia mundial. Algo semelhante ocorreu com o *smartphone*: demorou um pouco para que se percebesse a real dimensão do seu potencial disruptivo.

Toda inovação é, de algum modo, a *solução de algum problema*, presente ou futuro, ainda que por vezes também crie novos problemas. Vivemos um tempo de extrema valorização da inovação, por isso mesmo hoje considerada uma qualidade positiva. Não é nosso objetivo aprofundar aqui a crítica sobre essa crença exacerbada no sentido sempre positivo da inovação. Vamos apenas deixar um registro claro de que nem sempre seus resultados são benéficos ou isentos de efeitos deletérios.

Entre os inúmeros fatores relacionados com o papel da inovação nos dias de hoje, destacam-se os impactos causados na economia global pelo avanço das tecnologias digitais. O impulso dado à circulação de informação e a troca, intercâmbio, cooperação e colaboração, constituem um combustível fundamental para a espiral ascendente que se formou envolvendo conhecimento, colaboração e inovação. A tecnologia digital também impulsiona a inovação na medida em que dela dependem as Organizações para integrarem e controlarem seus processos e, também, para criarem novos modelos de negócio. Parte importante dos novos negócios estão sendo criados com forte suporte da tecnologia digital como Uber, Netflix, Airbnb, Facebook, WhatsApp, Waze e tantos outros. Por outro lado, negócios antigos passam por uma profunda transformação, por muitos chamada de *transformação digital*, sendo amplamente reformulados em novas bases, com forte dependência digital. Isso vem ocorrendo com a indústria automotiva, a agroindústria, a de comunicação, enfim, com vários setores da economia.

A eletrônica na década de 1960, a microeletrônica nos anos 1970, a internet na década de 1990, a nuvem nos anos 2000, a Internet das Coisas nos anos 2010 e agora o Big Data e a Inteligência Artificial foram nos ajudando a esculpir essa nova realidade a partir das garagens do Vale do Silício, ao lado do berço da contracultura, de grandes universidades e centros de pesquisa, criando as megaorganizações planetárias, como Amazon, Google, Apple, Microsoft e *startups* de todo tipo.

Na medida em que se reconhece o poder da inovação como *vantagem competitiva* no mundo dos negócios, as Organizações investem cada vez mais em entendê-la e sistematizá-la, buscam controlar seus ciclos para estimulá-la e direcioná-la da forma mais eficaz para seus intentos. Uma farta bibliografia já foi produzida, além de um sem fim de eventos especificamente voltados para o tema, reforçando uma *cultura da inovação* que envolve todos nós.

Por que inovar pedagogicamente?

Se para os negócios a inovação é, sobretudo, uma perspectiva de *vantagem competitiva*, nos processos educativos a que se prestaria afinal? Por que não repetir abordagens que estão dando certo? O que justifica correr o risco de prejudicar a aprendizagem dos alunos ao inovar?

Há uma infinidade de argumentos para justificar esforços de inovação pedagógica, mas vamos nos concentrar naqueles que consideramos os mais importantes e que têm uma forte inter-relação:

- Para ajustar a prática pedagógica às características dos alunos para a construção do mundo em que queremos viver;
- Para aprimorar as experiências de aprendizagem;
- Para melhorar os resultados de aprendizagem.

Não é preciso muita observação para constatar que as crianças atuais são substancialmente diferentes das crianças de três ou quatro gerações atrás. São mais ativas e observadoras, curiosas, por vezes impetuosas e questionadoras, com linguagem fluente e, por outro lado, menos centradas, dispersivas, muitas vezes inquietas e impacientes, entre outras características cognitivas e emocionais bastante evidentes. Sem dúvida elas têm habilidades e competências distintas das que tinham seus pais e avós quando crianças.

Como sabemos, somos fruto do meio em que vivemos, e as crianças atuais nasceram em um contexto de grandes e rápidas transformações com as quais aprenderam a lidar desde cedo, com toda a naturalidade. A complexidade, ambiguidade, volatilidade e incerteza, que são marcas importantes da naturalidade, estão impregnadas no ar que respiram e no leite que bebem. Esse é seu mundo, não esperam outra coisa.

Pelo menos desde John Dewey, o grande educador e filósofo estadunidense do início do século XX, o aluno é o foco do processo educacional. Significa, entre outras coisas, a adoção de práticas pedagógicas estruturadas para que os alunos aprendam de modo ativo e concreto, sejam os protagonistas e tenham um desenvolvimento integral (intelectual, físico e emocional). Foi uma grande evolução em relação à pedagogia tradicional que então vigorava, baseada na transmissão de conhecimentos do professor para uma assistência passiva de alunos.

O aluno de Dewey era participativo, agente de sua própria aprendizagem. Dewey entendia que estava formando um cidadão para a vida na democracia e que isso exigia um sujeito crítico, capaz de participar e construir uma sociedade nesses moldes. Nessa perspectiva de mundo não poderia, portanto, desenvolver-se plenamente de modo passivo, precisava assumir parcelas de responsabilidade crescente sob sua própria aprendizagem, já como um ato político de inserção social.

O que estava em jogo era uma grande adequação filosófica e sociológica da educação e o respectivo alinhamento com metodologias e práticas pedagógicas mais adequadas ao propósito. Tendo em vista o que se esperava dos indivíduos na construção daquele projeto de mundo, era necessário reforçar e induzir certas características cognitivas, emocionais e físicas nas crianças escolarizadas, assim como determinados valores e atitudes. A vivência escolar e suas práticas, as relações de poder com os professores e a instituição, as atividades de aula, tudo isso contribui para esse programa.

Essa mesma adequação da prática pedagógica às características atuais das crianças e do mundo em que vivemos e queremos viver é a justificativa fundamental para a necessidade de inovação pedagógica. Precisamos reconectar os alunos com a escola e reconectar a escola com um projeto de sociedade mais humanista, retomando a perspectiva de que a escola pode ser uma atriz relevante na construção de um mundo melhor, o grande ateliê onde esse mundo é desenhado. Temos a obrigação moral de garantir o *desenvolvimento máximo das potencialidades das crianças para uma vida plena em uma sociedade melhor que a atual*. Não há como fazer isso reproduzindo o que em geral tem sido feito. É preciso inovar.

Também parece evidente que uma ampla gama de metodologias, tecnologias e novos conhecimentos permite aprimorar as **experiências** de aprendizagem dos alunos, torná-las mais instigantes, fluidas, persuasivas e, sobretudo, eficientes. Experiências que induzam aprendizagens em níveis mais profundos, de conhecimentos mais complexos, de habilidades e competências mais sofisticadas.

São inúmeros os recursos ao alcance do professor (e dos alunos) para esse fim. Sabemos muito mais sobre como se dão as diversas aprendizagens, temos mapas detalhados do funcionamento do cérebro, entendemos melhor as ondas de desenvolvimento e amadurecimento psicossocial. Esses e outros avanços nos permitem entender aspectos específicos das aprendizagens. Por exemplo, sabemos mais sobre o desenvolvimento das noções de proporcionalidade ou do princípio aditivo, assim como sabemos mais sobre as janelas de aquisição da linguagem do que há dez ou vinte anos, quando a maioria dos professores desenvolveu sua forma de atuar.

Dispomos, também, de um verdadeiro arsenal de novas metodologias e abordagens para a melhoria da aprendizagem. Peer Instructions, Project Based Learning, Flipped Classroom, Code Literacy, Problem Based Learning, Make Learning, Adaptive Learning são alguns exemplos de uma lista que não para de crescer. São métodos e abordagens novas ou renovadas com base em novos conhecimentos e tecnologias antes não disponíveis.

Temos, ainda, acesso a simuladores, realidade virtual, automação, robótica, programação, gamificação e tantos outros meios e recursos para propor experiências de aprendizagem muito diferentes daquelas que eram possíveis poucos anos atrás. Se aplicados de modo adequado, ajudam a criar situações mais intensas, mais motivadoras, mais vinculadas ao mundo dos alunos. Há uma imensa quantidade de recursos gratuitos na internet e outros tantos que podem ser adquiridos por valores ínfimos. Há fóruns de professores e especialistas, *web conference*, *webinar*, cursos presenciais e a distância (muitos gratuitos) e outros meios de troca e atualização.

É ampla, portanto, a possibilidade de melhoria das experiências de aprendizagem. Com o método de ensino empregado e suas práticas pedagógicas, podemos propor experiências de aprendizagem muito mais impactantes, capazes de reforçar certas características e inibir outras, mediando o desenvolvimento das crianças no sentido do projeto de mundo desejado com muito mais eficiência do que temos feito. Esse aprimoramento das experiências de aprendizagem está relacionado com um preceito ético da educação: todo esforço deve ser feito para que as crianças não só obtenham conhecimento mas aprendam o máximo e da melhor forma. À medida que queremos sempre um mundo melhor e à medida que as crianças e os meios mudam, não há como garantir esse aprimoramento permanente sem um processo também permanente de inovação.

Por fim, temos a necessidade urgente de melhorar os resultados, pois sob nenhum aspecto são sequer satisfatórios. A despeito das distorções que sistemas de avaliação podem criar, é inegável a contribuição que deram para um melhor entendimento do que está ocorrendo nos sistemas escolares. Sistemas como o Saeb no Brasil e o Pisa no âmbito da OCDE têm revelado, com o rigor de metodologias sólidas, que estamos falhando não só no Brasil, mas aqui de modo especialmente perturbador.

Segundo a Unicef, em 2018 o Brasil tinha 7 milhões de estudantes atrasados dois ou mais anos escolares. Já o Saeb de 2017 mostrou que menos de 4% dos alunos do 3º ano do Ensino Médio têm o conhecimento esperado em Língua Portuguesa e Matemática. O fracasso é inegável! Não é fazendo mais do mesmo que vamos construir resultados melhores.

Além da melhoria dos resultados coletivos demonstrados pelas estatísticas, podemos e devemos buscar aprimorar os desempenhos individuais. Nos últimos anos, metodologias e instrumentos têm sido aprimorados para a individualização do processo educativo, sempre e quando isso fizer sentido frente ao projeto educacional pelo qual trabalhamos. Este pode vir a ser um amplo programa de ação, com infindáveis oportunidades para a inovação.

Os sistemas educacionais e escolas têm pela frente o grande desafio de alinhar os currículos locais, seus projetos político-pedagógicos e suas práticas pedagógicas à BNCC. Será uma oportunidade ímpar para um grande salto de qualidade, um novo pacto institucional e a obtenção de resultados que finalmente superem os fracassos, hoje regra. Nada disso será possível sem uma consistente cultura de inovação.

Cultura da inovação na escola

Como já dissemos, muitos professores inovam. Contudo, para a maioria nem sempre é fácil inovar. As dificuldades começam com as condições de infraestrutura, o funcionamento da escola e, por vezes, a resistência dos próprios alunos, desabituados a certas exigências, e dos pais, apegados às referências tradicionais. Além disso, a própria direção da escola e os professores, às vezes, impõem restrições ou interpõem questionamentos desestimulantes.

Inovar é muito mais fácil e sustentável quando há um entorno institucional que incentiva e oferece suporte, o que é menos comum nas escolas do que seria desejável. As dificuldades começam na própria estrutura e funcionamento, organizada com atividades padronizadas para atender grande volume de alunos mais facilmente, o que torna o ambiente pouco "amigo" das inovações.

A dificuldade maior da inovação pedagógica é a aversão ao risco. É claro que todo esforço deve ser feito para que nenhuma nova prática pedagógica prejudique os alunos e suas aprendizagens, o que justifica em parte uma postura mais conservadora de todos os responsáveis envolvidos. Entretanto, se queremos evoluir mais rapidamente, é preciso sopesar os benefícios potenciais da inovação pedagógica e mesmo sua necessidade. Não podemos esquecer que não inovar também traz riscos e o principal deles é tornar a escola pouco relevante.

Toda inovação pode falhar e trazer consequências indesejadas. Na educação, pode não gerar os resultados de aprendizagem esperados e dificultar o cumprimento do programa estabelecido, desperdiçando tempo, dinheiro e energia. Entretanto, melhor do que desistir de inovar é implementar uma *gestão de risco* capaz de mitigar eventuais fracassos e limitar suas consequências.

A gestão de risco começa quando avaliamos se os benefícios estimados valem a pena. Parece pouco, mas isso exige certo amadurecimento e certa organização para sermos capazes de explicitar as intenções e esboçar um projeto, assim como compartilhá-los.

Igualmente importante é separar inovações sutis, ajustes pequenos (mas importantes) que podem ser feitos sem muito esforço e recursos, de inovações amplas, que envolvam muita gente, tempo e recursos e que podem implicar grande "perda de tempo e energia" se falharem. Estas últimas devem ser monitoradas mais de perto com o uso de *milestones*.

Milestones, um conceito de gerenciamento de projetos, é um marco, como um produto ou acontecimento, que ajuda a definir um estágio do projeto e acompanhar sua progressão. Ter um plano para realizar a gestão de risco é fundamental para dar aos professores e à direção segurança de que estão preparados para avançar com a inovação.

Entretanto, se controlar o dragão do risco oferece a segurança para avançar, incentivar uma cultura de inovação é o que faz acontecer. Algumas iniciativas bem simples podem contribuir decisivamente. Reuniões periódicas sobre pequenas inovações em todos os setores da escola, por exemplo, ajudam a manter o tema em evidência e sinalizam a atenção e a importância de inovar para a direção. Fundamental também é a criação de um processo de comunicação capaz de engajar alunos, pais, professores, funcionários e direção. Ao menos um ou dois projetos mais audaciosos por ano devem ter uma comunicação efetiva e acompanhamento.

Em estágios mais avançados da cultura de inovação, é comum que a organização reserve um tempo dos seus colaboradores especificamente para trabalharem em inovação. O botão de "curtir" do Facebook teve origem em um programa interno de inovação, assim como o PlayStation, da Sony, e o Gmail, do Google. No Google, aliás, os colaboradores dispõem de 20% de seu tempo de trabalho remunerado para empreenderem novas ideias que possam vir a ser alinhadas com os negócios da empresa. São exemplos concretos de que o intraempreendedorismo pode trazer ótimos resultados. O mesmo pode ocorrer na escola.

O fomento ao trabalho de inovação na escola, especialmente em projetos de maior fôlego conceitual, pode ainda induzir o desenvolvimento de *professores pesquisadores*, na perspectiva proposta por Zeichner, de produção de conhecimento pedagógico desenvolvido por professores no exercício de sua função. A sustentação de um ambiente dessa natureza poderá, inclusive, resultar no benefício de reposicionar a escola ao torná-la referência, no longo prazo. Contudo, mesmo que tais aspirações possam parecer um tanto distantes, é muito provável que a cultura de inovação traga ao menos um novo e bom clima de trabalho, no qual o conhecimento e o estudo sejam valorizados, assim como os aprimoramentos constantes.

Platão dizia que "a necessidade é a mãe da inovação". Procuramos aqui descrever rapidamente algumas necessidades que podem dar origem à inovação pedagógica e também algumas consequências prováveis. Recorremos, sobretudo, a razões institucionais. Contudo, gostaríamos de salientar que a inovação não ocorre somente por necessidade e em contextos propícios: ocorre também por acaso e, principalmente, pelas características do próprio ser humano: a permanente inquietação, o inconformismo, o espírito transgressor. Talvez sejam essas mesmas características as responsáveis pela evolução das sociedades humanas. Algo tão profundamente relacionado com nossa natureza e a natureza das nossas sociedades precisa amplamente fazer parte do programa das escolas.

O papel das metodologias ativas na transformação da escola

José Moran[7]

Entendendo as metodologias ativas

Metodologias são grandes diretrizes que orientam os processos de ensino e aprendizagem e que se concretizam em estratégias, abordagens e técnicas concretas, específicas, diferenciadas.

As metodologias ativas constituem alternativas pedagógicas que colocam o foco do processo de ensino e aprendizagem no aluno, envolvendo-o na aprendizagem por descoberta, por investigação ou resolução de problemas.

As metodologias ativas procuram criar situações de aprendizagem nas quais os estudantes possam fazer coisas, pensar e conceituar o que fazem, construir conhecimentos sobre os conteúdos envolvidos nas atividades que realizam, bem como desenvolver a capacidade crítica, refletir sobre as práticas que realizam, fornecer e receber *feedback*, aprender a interagir com colegas e professores e explorar atitudes e valores pessoais.

Este não é um tema novo, mas o senso de urgência é. Dewey (1950), Freinet (1975), Freire (1996), Rogers (1973), Bruner (1978), Piaget (2006), Vygotsky (1998), entre tantos outros e de forma distinta, têm mostrado como cada pessoa (criança e adulto) aprende de forma ativa e diferente, a partir do contexto em que se encontra.

---

[7] Professor, pesquisador e orientador de projetos de transformação na educação – www2.eca.usp.br/moran.

Metodologias se expressam em três conceitos-chave tanto para os docentes como para os aprendizes: **maker** (exploração do mundo de forma criativo-reflexiva, utilizando todos os recursos possíveis – espaços *maker*, linguagem computacional, robótica), **designer** (desenhar soluções, caminhos, itinerários, atividades significativas de aprendizagem) e **empreender** (testar ideias rapidamente, corrigir erros, realizar algo com significado).

Metodologias ativas em contextos híbridos – que integram as tecnologias e mídias digitais, realidade virtual e aumentada, plataformas adaptativas – trazem mais mobilidade, possibilidade de personalização, de compartilhamento, de *design* de experiências diferentes de aprendizagem, dentro e fora da sala de aula e da escola.

Também permitem combinar e integrar de forma equilibrada **a aprendizagem individual** – cada estudante percorre e escolhe seu caminho, ao menos parcialmente, e avança no seu ritmo, buscando maior autonomia (personalização); **a aprendizagem em grupo** – por meio de projetos, problemas, desafios, debates, aprendizagem por times, instrução por pares, jogos, narrativas em momentos presenciais e online; e **a tutorial/mentoria** – em que a ação docente é mais direta, problematizando, orientando, ajudando na síntese, avaliando. As plataformas digitais caminham para adaptar-se mais às diversas necessidades dos estudantes e tornam visíveis para todos – estudantes e docentes – os diversos percursos e ritmos, os avanços e as dificuldades de cada um, o que contribui para que os professores possam planejar melhor as atividades em sala e desenvolver com eficácia seu papel tutorial, de orientação.

Não é suficiente planejar metodologias ativas de forma isolada. Elas fazem sentido em um contexto de mudança estruturada e sistêmica. Assim, as **metodologias ativas podem revelar o seu verdadeiro potencial, contribuindo para redesenhar as formas de ensinar e de aprender, a organização da escola, dos espaços, da avaliação, do currículo, da certificação**.

Muitas escolas, no entanto, encontram-se em um **estágio inicial**: utilizam as metodologias ativas de forma pontual, dependendo da iniciativa de alguns docentes e gestores, sem um projeto institucional. Muitas outras já têm **boas práticas desenvolvidas**: trabalham de forma mais sistemática e integrada com projetos, investigação, resoluções de problemas, produções de narrativas digitais e desenvolvimento de atividades *maker*. E um terceiro grupo redesenha a escola de forma inovadora, em que **o currículo é organizado por projetos e competências**, os espaços são flexíveis e as metodologias são componentes essenciais.

As metodologias com tecnologias podem começar dentro de disciplinas isoladas e, depois, ser compartilhadas em projetos integradores interdisciplinares. Um passo importante é dar maior atenção às competências socioemocionais e ao projeto de vida do aluno. Isso possibilitará planejar posteriormente um currículo por áreas de conhecimento, módulos e projetos.

Metodologias mais importantes

1. Aprendizagem invertida e personalizada

A **aprendizagem invertida** é um conceito bastante conhecido e – ao mesmo tempo – complexo. O estudante se prepara antes e no seu ritmo para participar de atividades mais significativas com outros colegas e o docente. A aprendizagem invertida transfere para o digital uma parte do que era explicado em sala de aula pelo professor. Os estudantes acessam materiais, fazem pesquisas no seu próprio ritmo e como preparação para a realização de atividades de aprofundamento, debate e aplicação – predominantemente em grupo – feitas na sala de aula, com orientação docente (BERGMANN; SAMS, 2016).

No ensino convencional, os professores procuram garantir que todos os alunos aprendam o mínimo esperado. Para isso, explicam os conceitos básicos e pedem aos alunos que estudem e aprofundem por meio de leituras e atividades.

Hoje, depois que os estudantes desenvolvem o domínio da leitura e da escrita, podemos inverter o processo. As informações básicas sobre um tema ou problema são acessadas por cada aluno de forma flexível e as mais avançadas, com o apoio direto do professor e dos colegas. Esse é um conceito amplo de aula invertida. Há materiais disponíveis sobre todos os assuntos, que o aluno pode pesquisar sozinho, no ritmo mais adequado. O docente propõe o estudo de determinado tema e o aluno procura as informações básicas na internet, assiste a vídeos e lê os textos que estão disponíveis na web ou na biblioteca da escola.

O passo seguinte é fazer uma avaliação pedindo que a turma responda a três ou quatro questões sobre o assunto, para analisar o que foi aprendido e os pontos que necessitam de esclarecimentos. Em sala de aula, o professor orienta aqueles que ainda não adquiriram as informações básicas para que possam avançar. Ao mesmo tempo, oferece problemas mais complexos a quem já domina o essencial, assim os estudantes vão aplicando os conhecimentos e relacionando-os com a realidade.

Um modelo um pouco mais complexo é partir direto para os desafios, o que pode ocorrer dentro de uma só disciplina ou juntando-se várias. Três ou quatro professores que trabalharem com a mesma turma podem propor um problema interessante cuja resolução envolva diversas áreas do conhecimento. É importante que os projetos estejam ligados à vida dos alunos e às suas motivações, que o professor saiba gerenciar essas atividades, envolvendo-os, negociando com eles as melhores formas de realizar o projeto e valorizando cada etapa, principalmente a apresentação e a publicação em um lugar visível do ambiente virtual, para além do grupo e da classe.

As regras básicas para inverter a sala de aula, segundo o relatório *Flipped Classroom Field Guide*, são:

1. As atividades em sala de aula envolvem uma quantidade significativa de questionamentos, resolução de problemas e de outras atividades de aprendizagem ativa, obrigando o aluno a recuperar, aplicar e ampliar o material aprendido online.
2. Os alunos recebem *feedback* imediatamente após a realização das atividades presenciais.
3. Os alunos são incentivados a participar das atividades online e das presenciais, sendo que elas são computadas na avaliação formal do aluno, ou seja, valem nota.
4. Tanto o material a ser utilizado online quanto os ambientes de aprendizagem em sala de aula são altamente estruturados e bem planejados[8].

Há muitas formas de inverter esse processo. Pode-se começar por projetos, pesquisas, leituras prévias, produções dos alunos e, depois, aprofundamentos em classe com a orientação do professor. O curso "Ensino Híbrido, Personalização e Tecnologia" oferece vídeos e materiais feitos por professores brasileiros e norte-americanos sobre os diversos aspectos do ensino híbrido, na visão do professor, do aluno, do currículo, da tecnologia, da avaliação, da gestão, da mudança de cultura. Vale a pena ler o livro sobre o mesmo tema (BACICH; TANZI; TREVISANI, 2015).

O articulador das etapas individuais e grupais é o docente, com sua capacidade de acompanhar, mediar, analisar os processos, resultados, lacunas e necessidades a partir dos percursos realizados pelos alunos individual e coletivamente. Esse novo papel do professor é mais complexo do que o

---

8   Texto completo disponível em inglês em: <www.cvm.umn.edu/facstaff/prod/groups/cvm/@pub/@cvm/@facstaff/documents/content/cvm_content_454476.pdf>. Acesso em: 1 fev. 2019.

anterior (de transmitir informações). Precisa de uma preparação em competências mais amplas, além do conhecimento do conteúdo, como saber adaptar-se ao grupo e a cada aluno; planejar, acompanhar e avaliar atividades significativas e diferentes.

Ele pode fazer isso com tecnologias simples, incentivando os alunos a contar histórias e a trabalhar com situações reais que integrem alguns dos jogos do cotidiano. Se mudarmos a mentalidade dos docentes para serem mediadores, poderão utilizar os recursos próximos: os que estão no celular, uma câmera para ilustrar, um programa gratuito para juntar as imagens e contar histórias interessantes.

Este material, da Universidade Federal de Santa Maria, faz uma excelente síntese sobre a sala de aula invertida: <https://nte.ufsm.br/images/PDF_Capacitacao/2016/RECURSO_EDUCACIONAL/Material_Didatico_Instrucional_Sala_de_Aula_Invertida.pdf>. Acesso em: 1 fev. 2019.

2. Aprendizagem baseada em projetos

A aprendizagem baseada em projetos, segundo o Buck Institute for Education (BIE), é um método de ensino em que os alunos adquirem conhecimentos e habilidades trabalhando por um longo período para investigar e responder a uma questão, um problema ou um desafio autêntico, envolvente e complexo.

Os alunos envolvem-se com tarefas e desafios para resolver um problema ou desenvolver um projeto que também tenha ligação com sua vida fora da sala de aula. O projeto parte de uma questão norteadora, que orienta a pesquisa. No processo, eles lidam com questões interdisciplinares, tomam decisões e agem sozinhos ou em equipe. Por meio dos projetos, são trabalhadas também suas habilidades de pensamento crítico, criativo e a percepção de que existem várias maneiras de realizar uma tarefa, tidas como competências necessárias para o século XXI. Os alunos são avaliados de acordo com o desempenho durante a execução e na entrega dos projetos (BUCK INSTITUTE FOR EDUCATION, 2008).

Essa abordagem adota o princípio da aprendizagem colaborativa, baseada no trabalho coletivo. Buscam-se, geralmente, problemas extraídos da realidade pela observação realizada pelos alunos dentro de uma comunidade. Os alunos identificam os problemas e buscam meios para resolvê-los.

Trabalhamos com projetos de curta duração (uma ou duas semanas) – restritos ao âmbito da sala de aula e baseados em um assunto específico – e de duração mais longa (semestral ou anual), que exigem soluções mais complexas, envolvem temas transversais e demandam a colaboração interdisciplinar.

Há diferentes **níveis de complexidade** na aplicação dos projetos:

- Exercício projeto: aplicado no âmbito de uma única disciplina.
- Componente projeto: desenvolvido de modo independente das disciplinas, apresentando-se como uma atividade acadêmica não articulada com nenhuma disciplina específica.
- Abordagem projeto: apresenta-se como uma atividade interdisciplinar, ou seja, como elo entre duas ou mais disciplinas.
- Currículo projeto: aplicado quando não é mais possível identificar uma estrutura formada por disciplinas, pois todas elas se dissolvem e seus conteúdos passam a estar a serviço do projeto, e vice-versa.

Tipos predominantes de projetos:

- Projeto construtivo: a finalidade é construir algo novo, criativo, no processo e/ou no resultado.
- Projeto investigativo: o foco é pesquisar uma questão ou situação, utilizando técnicas de pesquisa científica.
- Projeto explicativo: procura responder questões do tipo: "Como funciona? Para que serve? Como foi construído?". Busca explicar, ilustrar e revelar os princípios científicos de funcionamento de objetos, mecanismos, sistemas etc.

Há enfoques diferentes na aprendizagem por projetos:

- Projetos escolhidos pelos docentes ou pelos estudantes: no primeiro, o planejamento é feito por docentes, que escolhem o desafio, o nível de complexidade do roteiro de atividades, o prazo e a forma de entrega (produto). Essa proposta pode ser negociada com os estudantes, mas é o professor que decide.
- Outras instituições partem do interesse dos alunos, do que os motiva, e dialogam com eles para validar a estruturação desse interesse em projetos que, em um diálogo permanente, consigam atender ao que o aluno quer e ao que a escola espera naquele momento (competências

desenvolvidas, conteúdos *just in time*). Os projetos partem dos usuários e são negociados com os docentes da escola. A base é o interesse do estudante e, a partir daí, o professor fará o currículo surgir durante o processo.

Outra variante importante é trabalhar com **projetos reais ou simulados**. Atualmente, há uma ênfase em projetos reais, trazidos da comunidade, do entorno, mapeados com organizações sociais relevantes, com órgãos públicos, empresas. Esse levantamento prévio muda a percepção do aluno: ele sabe que está aprendendo com um projeto que contribui para a melhoria de um grupo real, de uma cidade real. São os projetos para aprendizagem-serviço. São projetos de aprendizagem e, simultaneamente, de transformação social. Combinam as dimensões de aprendizagem e serviço. A mobilização intelectual e emocional dos estudantes é muito superior pelo compromisso que assumem com a população. Existe – principalmente no ensino técnico e no superior – incremento de parcerias com empresas em que os estudantes aprendem com situações práticas supervisionadas por um mentor e que são componentes curriculares validados pela instituição escolar (parceria escola-empresa).

Projetos **simulados** também são importantes, por exemplo, como forma de testar situações de risco em realidade virtual ou aumentada (simulações com materiais perigosos, explosivos; simulações de cirurgias em corpos virtuais; testes em laboratórios virtuais em Engenharia ou Saúde em lugares distantes, com poucos laboratórios de ponta).

Ambos os tipos de projetos podem ser combinados de acordo com a situação e as necessidades. Entretanto, existe uma diferença entre participar de um jogo de simulação de empresas e participar de um projeto real de criação de uma empresa, com o desafio de torná-la efetivamente viável.

Entre Projetos e Problemas, há uma certa superposição e interpretações diferentes: para o BIE, os problemas têm um planejamento mais detalhado; já para Blumenfeld, na aprendizagem por problemas, o foco está no processo e nos projetos também o produto final. Na prática, os projetos servem para propor pesquisas e a busca pela resolução de problemas.

Os projetos podem ser individuais (cada docente os gerencia) ou integrados (vários docentes participam ativamente, no planejamento, implementação e avaliação). A integração pode acontecer em níveis progressivos de complexidade, começando no modelo disciplinar (projetos interdisciplinares), em projetos por área de conhecimento, em projetos por módulos, em currículo por competências e projetos.

No link <http://porvir.org/disciplina-que-reune-de-engenharia-a-design-ensina-inovacao-na-ufpe/> (acesso em: 1 fev. 2019), é possível encontrar um exemplo que confirma o fato de a interdisciplinaridade ser necessária. Essa matéria, da página Porvir: inovações em Educação, fala sobre uma disciplina oferecida pela Universidade Federal de Pernambuco. Chamada informalmente de "Projetão" e prevendo a resolução de problemas da vida real, ela integra **engenharia** de *software*, ciência da computação, psicologia, **design** e **engenharia** biomédica.

3. Aprendizagem baseada em times (Team Based Learning)

Existem várias formas de aplicação. A mais usual é esta: inicialmente os alunos acessam um conteúdo específico e fazem uma avaliação individual. Depois, eles se reúnem em equipes e discutem as mesmas questões, procurando chegar a um consenso, e compartilham as respostas com os demais. O professor acompanha os grupos e pode fazer pequenas intervenções. São bastante utilizados aplicativos de verificação imediata de resposta, como o Plikers ou o Kahoot. O professor pode também trazer desafios e problemas que se relacionem com vida e a realidade dos estudantes.

O professor faz a mediação final, incorporando possíveis novas contribuições dos alunos, completando algum ponto que precise de maior aprofundamento e contextualizando de forma mais ampla o tema tratado. Os alunos são avaliados pelo seu desempenho individual e também pelo resultado do trabalho em grupo, em que eles mesmos avaliam seus colegas (avaliação entre pares), o que gera maior responsabilidade e envolvimento.

4. Aprendizagem baseada em narrativas, jogos, gamificação e linguagem computacional

Uma das formas mais eficientes de aprendizagem desde sempre se dá por meio de histórias contadas (narrativas) e histórias em ação (histórias vividas e compartilhadas). Bruner (2001) mostra que as narrativas são linguagens que contribuem para tornar significativa a aprendizagem na vida dos estudantes por meio da interação pela reelaboração das diversas experiências.

Nos ambientes transmídia, as narrativas digitais são cada vez mais imersivas e interconectadas, envolvendo múltiplas linguagens, e menos lineares do que costumam ser as narrativas tradicionais. Podem ser utilizadas para resolver problemas e para desenvolver o pensamento crítico de forma mais direta e explícita ou de modo mais indireto e sutil.

Contar, criar e compartilhar **histórias** é muito mais fácil hoje. Crianças e jovens gostam de produzir vídeos e animações e conseguem postá-los imediatamente na rede. Existem aplicativos de edição para *smartphones*.

Os jogos tradicionais e os digitais diferenciam-se, principalmente, pela interatividade e imersão, o que pode resultar em uma possibilidade de cocriação do jogador, pois o jogo pode se reconstruir a cada ação ou atitude desempenhada.

Os jogos colaborativos e individuais, de competição e colaboração, de estratégia, com etapas e habilidades bem definidas, tornam-se cada vez mais presentes nas diversas áreas de conhecimento e níveis de ensino.

Alguns dos benefícios de utilizar os jogos digitais são: aprendizagem lúdica; capacidade de simulação; organização de elementos para atingir algum objetivo; enfrentamento de situações/problemas; *feedbacks* imediatos; definição de estratégias colaborativas entre parceiros; descobertas por meio do brincar, criar novos produtos (construções, por exemplo, Minecraft).

Gamificação é pensar em ferramentas de jogos em contextos fora dos jogos, incentivando as pessoas a acharem soluções e premiando essas atitudes. Cursos gratuitos, como o Duolingo (disponível em: <www.duolingo.com>) são atraentes porque utilizam todos os recursos de atratividade para quem quer aprender: cada um escolhe o ritmo, vê o avanço dos seus colegas, ganha recompensas. Para gerações acostumadas a jogar, a linguagem de desafios, recompensas, de competição e cooperação é atraente e fácil de perceber.

Há hoje um grande estímulo da cultura *maker*, de experimentar da ideia ao produto, desenvolvendo o pensamento computacional como uma nova linguagem que organiza, expressa e comunica ideias, desenvolve a criatividade e permite que os estudantes transformem suas ideias em produtos. Michel Resnick, do MIT, sintetiza nos quatro Ps (projetos, pares, propósito e *play*/lúdico) as dimensões da aprendizagem criativa das crianças e com as crianças. Comunidades como a *Aprendizagem criativa* compartilham suas experiências e são um espaço muito útil para os professores encontrarem inspirações e aplicarem à sua realidade específica.

A aprendizagem mediante projetos e problemas, design, construção de narrativas, interação com a cidade e "vivência" de jogos – sempre guiada por mediadores experientes, que vão equilibrar as escolhas pessoais e as grupais é o caminho que comprovadamente traz melhores resultados em menor tempo e de forma mais profunda na educação formal.

Conclusão

Muitos confundem ativismo com metodologias. Falta profundidade, objetivo, reflexão, avaliação diferenciada. Outro problema é repetir sempre as mesmas técnicas. A diversificação é muito mais produtiva.

Os pais também têm que ser preparados para as metodologias ativas, de modo que possam entender a filosofia, apoiar os filhos na aprendizagem invertida, por projetos, e participar mais ativamente do processo de transformação da escola.

Metodologias implicam ações de curto prazo (o que é possível aplicar hoje) e em planejamento do médio prazo, metodologias como parte do redesenho de uma nova escola, sintonizada com nosso mundo em profunda transformação.

Referências

BACICH, L.; MORAN, J. (Orgs.). *Metodologias ativas para uma educação inovadora:* uma abordagem teórico-prática. Porto Alegre: Penso, 2018.

BENDER, W. *Aprendizagem baseada em projetos.* Porto Alegre: Penso, 2014.

BERGMANN, J.; SAMS, A. *A sala de aula invertida:* uma metodologia ativa de aprendizagem. Rio de Janeiro: LTC, 2016.

BRUNER, J. *Uma nova teoria da aprendizagem.* Rio de Janeiro: Ed. Bloch, 1976.

BUCK INSTITUTE FOR EDUCATION (BIE). *Aprendizagem baseada em projetos:* guia para professores de Ensino Fundamental e Médio. 2. ed. Porto Alegre: Artmed, 2008.

DEWEY, J. *Vida e educação.* São Paulo: Nacional, 1959.

FREINET, C. *As técnicas Freinet da escola moderna.* Lisboa: Estampa, 1975.

FREIRE, P. *Pedagogia da autonomia:* saberes necessários à prática educativa. 27. ed. Coleção Saberes. São Paulo: Editora Paz e Terra.

MORA, F. *Neuroeducación:* sólo se puede aprender aquello que se ama. Madrid: Alianza Editorial, 2013.

VALENTE, J. Blended learning e as mudanças no ensino superior: a proposta da sala de aula invertida. in *Educar em Revista*, v. 4, 2014, p. 79-97. Disponível em: <www.scielo.br/pdf/er/nspe4/0101-4358-er-esp-04-00079.pdf>. Acesso em: 1 fev. 2019.

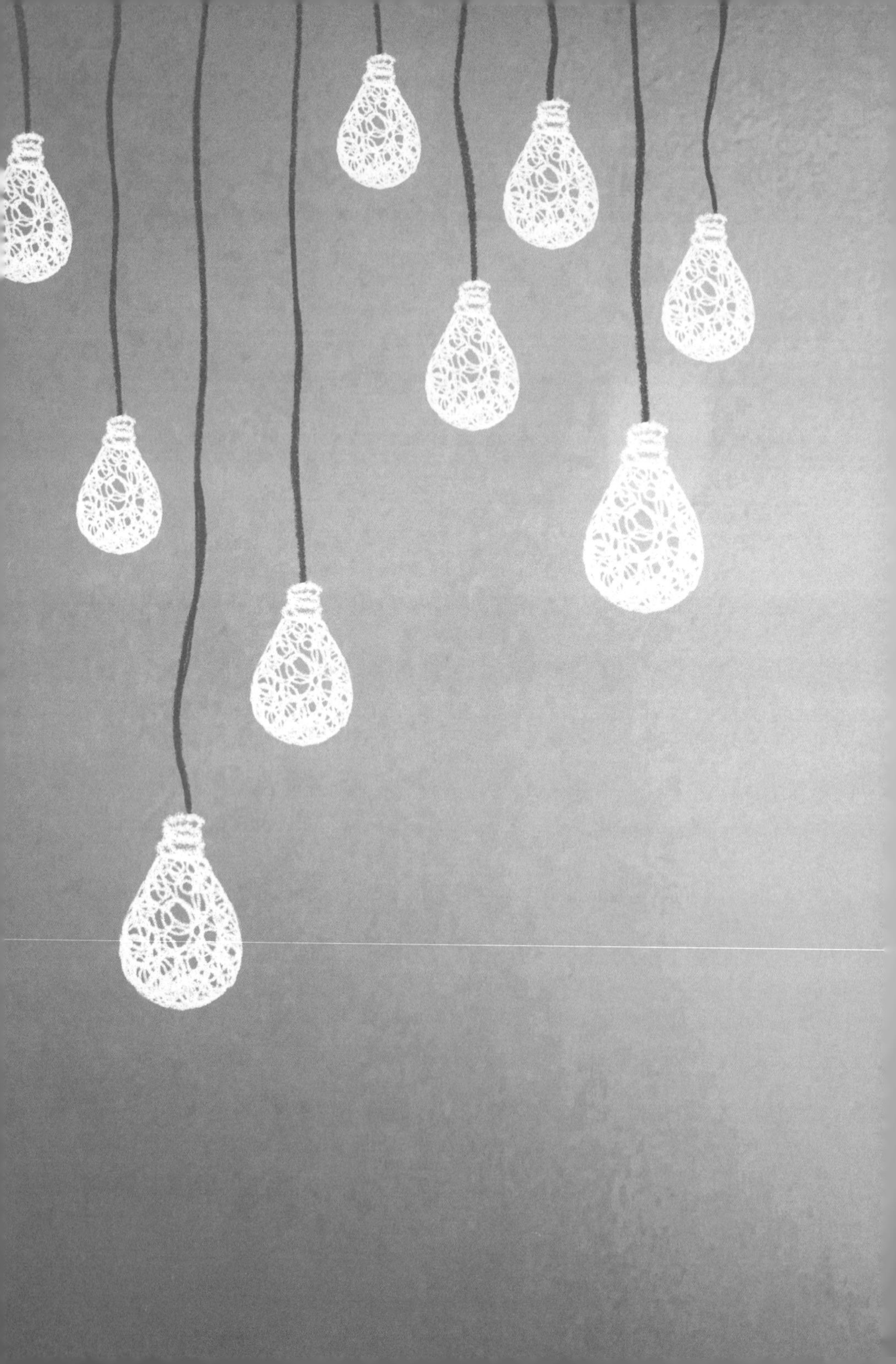

Movimento Maker na escola

Cristiana Mattos Assumpção[9]

A educação formal encontra-se em uma encruzilhada. Enquanto no século passado o seu papel era muito claro e estava sujeito a um ritmo de grande estabilidade, em que a sociedade era desenhada de forma previsível e moldada para atender ao progresso trazido pela era industrial, neste século o contexto mudou drasticamente. A era da informação e das tecnologias eletrônicas trouxe novos paradigmas tanto para a sociedade como para a escola, que tem a responsabilidade de preparar seus futuros cidadãos.

Não só temos que constantemente aprender novas formas de nos comunicar e nos relacionar na vida pessoal, como também temos que repensar a forma como podemos desenhar uma experiência educacional que prepare a nova geração para transitar, de forma inteligente e responsável, por esse novo mundo. Outro desafio é fazer essa transformação acontecer na escola, uma instituição que se consolidou há mais de um século e atendeu bem à sociedade até pouquíssimo tempo atrás. Entretanto, como aqueles que estão na sala de aula já devem ter percebido há algum tempo, não podemos continuar ensinando da mesma forma como vínhamos fazendo. Nossos alunos estão mudando no ritmo das tecnologias. Seus pensamentos já são formados para trabalhar em redes, com acesso à informação a qualquer hora, em qualquer lugar e com a possibilidade de participar ativamente das experiências às quais são expostos.

No entanto, o acesso às tecnologias da comunicação e informação não significa necessariamente que nossas crianças saibam usá-las adequadamente. O papel do educador é, portanto, mais importante do que nunca. É preciso mostrar aos alunos como navegar dentro desse mar de informações e conteúdos e como aplicar tal conhecimento para contribuir de forma significativa para a sociedade.

---

9   Cristiana Mattos Assumpção é bióloga, com mestrado e doutorado em Tecnologias Educacionais. Hoje é sócia e diretora da EDUC'4x100, além de atuar como professora na Lynn University (Flórida). Trabalhou por 30 anos no Ensino Básico com práticas inovadoras como o STEAM.

Dentro desse contexto, os grandes desafios estão em como repensar o papel do educador e os espaços de aprendizagem para desenvolver as competências e habilidades elencadas como importantes para o século XXI (UNESCO, 2015). A jornada educacional tornou-se muito mais complexa. O professor não é mais um mero transmissor de conteúdos. A obrigação do aluno não é mais só demonstrar que absorveu os conteúdos repassados. Hoje a formação demanda uma abordagem mais sistêmica e holística, trabalhando, além das habilidades cognitivas, as habilidades relacionais, inter e intrapessoais e socioemocionais. A nova geração tem que aprender a navegar por um mundo conectado, globalizado, diversificado e cheio de conflitos; tem que saber lidar com as novas tecnologias, que abrem oportunidades maravilhosas para realizar suas paixões e propósitos. Como as escolas podem fazer isso?

Outro fator importante é a crescente tendência a abusar da tecnologia. As crianças que começam a utilizar *smartphones* e *tablets* muito cedo estão sujeitas às recompensas programadas ali antes de aprenderem a exercer o autocontrole e terem o amadurecimento para entender a gratificação tardia e a perseverança. Por isso, vemos crescer nas escolas o resgate do "mão na massa" trazido pelo Movimento Maker. Implícito está um resgate da construção de relações interpessoais, do manuseio de objetos concretos e da observação refinada, assim como da reflexão sobre o que está sendo feito e aprendido. Também há um resgate do valor estético, da prototipação, do aprender fazendo e do entendimento de que "erros" são parte da aprendizagem, e não algo a ser temido.

Mas, afinal, o que é o Movimento Maker? Em 2005, Dale Dougherty lançou a revista *Maker* (<http://makezine.com>) para estimular a cultura do DIY – *Do It Yourself* ("faça você mesmo"), resgatando a prática do *tinkering*, ou seja, a prática de construir as coisas e de aprender experimentando e aperfeiçoando os seus protótipos. A partir da organização dessa revista surgiram os *Maker Faires*, eventos comunitários nos quais construtores de máquinas e engenhocas de todos os tipos compartilhavam o que tinham produzido. Assim nasceu uma comunidade interessada em resgatar o "mão na massa" (*hands-on*).

O trabalho artesanal e o estilo-oficina não são um conceito novo. No entanto, o Movimento Maker surgiu em uma época em que as tecnologias permitem explorar muito mais as possibilidades de fabricação, aproximando o mundo digital do real, em um momento no qual o uso excessivo de tecnologia digital gera um desejo de equilibrar a vida digital com atividades não digitais (Horizon Report Higher Education, 2016) e a sociedade passa a pedir mais criatividade e inovação para continuar a ser competitiva no mercado.

No início, o movimento da criação de comunidades *maker* ficou entre as pessoas que faziam isso por *hobby*. No entanto, com o aumento da conectividade, a comunidade foi crescendo e se expandindo. Atualmente, o governo, empresas e escolas se interessam em trabalhar com essa estratégia por verem o valor que ela traz para o estímulo da criatividade e da inovação. Atualmente, há recursos organizados disponíveis para a criação de espaços *maker* nas escolas, ou seja, há verdadeiras comunidades em que se compartilham projetos e dicas de como começar um espaço *maker*. No *site* <http://makered.org>, por exemplo, encontra-se um manual completo que mostra o que é necessário para começar e apresenta uma lista de materiais básicos a ser comprados. Outro excelente recurso é o *Manual Mão na Massa do Porvir* (disponível em: <http://porvir.org/especiais/maonamassa>). Lá é possível encontrar exemplos de usos e dicas para dar os primeiros passos.

Apesar de esse tipo de atividade e espaço poder ser desenvolvido com baixa tecnologia, com algo tão simples quanto uma caixa de papelão e fita crepe, o surgimento e acessibilidade da impressora 3D virou um símbolo do Movimento Maker. Ela representava a utopia da fabricação digital em que cada um de nós poderia produzir um objeto no mundo digital e depois recriá-lo no mundo real. A ficção científica estava se tornando uma realidade. Os replicadores comumente vistos no seriado *Jornada nas Estrelas* estavam ao nosso alcance. Era o sonho do engenheiro e de qualquer um que lidasse com prototipagem. Agora era possível criar protótipos reais de baixo custo para simular sua *performance* no mundo real e ir testando melhorias no modelo de forma barata antes de produzir o modelo final. E com o custo baixando cada vez mais, tornou-se viável ter esse tipo de equipamento em escolas e laboratórios de fabricação digital, comumente denominados de Fab Labs.

A diferença básica entre Fab Labs e o Movimento Maker é que há uma sistematização maior no Fab Lab. O Fab Lab é um tipo de espaço *maker* que tem uma estrutura e um modo de funcionamento definido de acordo com os padrões da Rede de Fab Labs. Há um *kit* básico de máquinas necessárias para começar um Fab Lab, com grande foco no uso da tecnologia e da fabricação digital. Em sua essência, os dois promovem o "mão na massa" e a prototipagem com iterações para melhorias. Entretanto, o Fab Lab promove uma comunidade de colaboração e organiza o contato com a comunidade.

Segundo Paulo Blikstein, o movimento do Fab Lab foi inspirado nos trabalhos de Seymour Papert no MIT Media Lab. Papert trabalhou com Piaget e depois foi pioneiro no campo das tecnologias educacionais. Desenvolveu a linguagem Logo para ensinar as crianças a programar e, mais tarde, o sistema LEGO-Logo para a criação de robôs. Ele tinha uma perspectiva "construcionista", um pouco diferente da construtivista. No construcionismo, o conhecimento não só é construído socialmente, por meio da troca e compartilhamento, mas também envolve um componente "mão na massa", no qual a criança lida com o mundo real e testa suas ideias no mundo físico. Essa perspectiva está no cerne dos Fab Labs. Papert é considerado um dos pais do Movimento Maker na educação.

Os Fab Labs nasceram originalmente como espaços de construção e troca nas universidades. Foi criado para explorar como o conteúdo da informação se relaciona a representações físicas e como comunidades subprivilegiadas poderiam ser empoderadas por essas tecnologias de base. O programa começou em 2001 como uma colaboração entre o *Grassroots Invention Group* e o *Center for Bits and Atoms* do MIT, subsidiado pelo National Science Foundation.

Mais tarde, o conceito foi expandido para centros comunitários e de formação de empreendedores. Em 2004, Paulo Blikstein começou a estudar a sua aplicabilidade para a educação quando estava fazendo seu doutorado. Criou o conceito de FabLabs@Schools, trazendo o Fab Lab para dentro da escola, mas desenhado especialmente para ser usado por crianças. Em 2008, foi contratado pela Universidade de Stanford e desenhou o primeiro Fab Lab na Faculdade de Educação.

No centro dos objetivos dos Fab Labs@School está o envolvimento das crianças com problemas reais em um contexto autêntico. Junto com o laboratório vem um programa cuidadosamente escrito para encaixar no currículo de Ciências, Tecnologia e Matemática. Para ver um resumo do que é o Fab Lab@School, vale a pena assistir a este TEDx de Paulo Blikstein: <https://www.youtube.com/watch?v=ylhfpDAniqM> (acesso em: 30 jan. 2019).

Essa proposta de contexto autêntico (trabalhar com situações reais da sociedade) está muito associada à proposta de Project Based Learning (PBL – Aprendizagem Baseada em Projetos). Na década de 1990, pesquisadores da educação e das ciências cognitivas perceberam que o currículo precisava ser reformulado para engajar mais os alunos e tornar sua aprendizagem mais significativa. Blumenfeld e Krajcik elaboraram um currículo de ciências baseado em projetos que permitiam aos alunos aprender fazendo e aplicando as ideias. Os alunos participavam de atividades baseadas em problemas reais e nas atividades realizadas pelos profissionais das diversas áreas.

PBL é uma forma de aprendizagem contextualizada e é baseada nas pesquisas sobre construtivismo que demonstram que alunos aprendem conteúdos de forma muito mais profunda quando utilizam e aplicam suas próprias ideias. Em PBL, os alunos se envolvem em questões reais, propondo hipóteses e explicações, a partir do diálogo com os pares e dos testes de novas ideias. Pesquisas já demonstraram que alunos que participam de PBL tiram notas melhores que alunos em currículos tradicionais (Marx *et al.*, 2004; Rivet & Krajcik, 2004; William & Linn, 2003 *in* Krajcik & Blumenfeld, 2006).

Para saber mais sobre o PBL, é importante entender suas bases teóricas. O PBL nasceu com base nas seguintes teorias, de acordo com Kracjik e Blumenfeld:

1. O primeiro proponente da importância da investigação ativa pelas crianças foi John **Dewey,** em 1902. A partir das suas pesquisas, cientistas cognitivos elaboraram quatro teorias de aprendizagem para entender como as crianças aprendem (Bransford, Brown & Cocking, 1999 *in* Krajcik & Blumenfeld, 2006). A seguir, descreveremos as quatro maiores ideias das ciências de aprendizagem.

    a. **Construção ativa**: o aprendiz constrói ativamente o significado baseado em suas experiências e interação com o mundo. O desenvolvimento do entendimento é um processo contínuo que requer que o aluno construa e reconstrua o que sabe a partir de novas experiências e ideias e de experiências e conhecimentos prévios.
    b. **Aprendizagem contextualizada**: a pesquisa da ciência de aprendizagem mostra que o processo de aprender mais eficaz ocorre quando está ancorado em situações autênticas, em contextos reais do mundo. Em algumas disciplinas científicas, experimentos são conduzidos em laboratórios ou por meio da observação do mundo natural. A aprendizagem situada de ciências implica o aluno ter a experiência de um fenômeno à medida que participa de várias práticas científicas, tais como o desenho de uma investigação, criando explicações, modelos, e apresentando suas ideias para outrem. Um dos benefícios da aprendizagem situada é que o aluno consegue ver a aplicação e significação do conteúdo sendo aprendido, bem como o valor das tarefas e atividades das quais participa.
    c. **Interação social**: um dos resultados mais sólidos da pesquisa da ciência da aprendizagem é o papel importante da interação social nesse processo. O melhor resultado da aprendizagem vem de um tipo particular de interação: quando professores, alunos e membros da comunidade trabalham juntos em um uma atividade situada para construir conhecimento compartilhado. Aprendizes desenvolvem entendimento dos princípios e ideias por meio do compartilhamento, uso e debate de suas ideias com outrem. Essa troca ajuda a criar uma comunidade de aprendizagem.

d. **Ferramentas cognitivas**: a pesquisa da ciência da aprendizagem demonstra o papel importante de ferramentas para a aprendizagem (Salomon, Perkins & Globerson, 1991 *in* Krajcik & Blumenfeld, 2006). Ferramentas cognitivas podem ampliar e expandir o que os alunos podem aprender. Um gráfico é um exemplo de uma ferramenta cognitiva que ajuda o aluno a ver padrões nos dados. Vários tipos de *software* podem ser considerados ferramentas cognitivas, pois permitem ao aluno fazer tarefas que ele de outra forma não poderia. Um exemplo é um *software* que permite visualizar dados complexos. Nestes casos, essas tecnologias são chamadas de tecnologias educacionais.

PBL é uma estratégia que envolve o desenho de todo um ambiente de aprendizagem. Esse ambiente tem cinco componentes-chave:

1. Começa com uma pergunta motivadora, um problema real e complexo a ser resolvido.
2. Os alunos exploram a pergunta motivadora participando de um processo de pesquisa autêntico e contextualizado – processo de resolução de problemas, que é central para a *performance* de um especialista na disciplina. À medida que os alunos exploram a pergunta, aprendem e aplicam ideias importantes da disciplina.
3. Alunos, professores e outros membros da comunidade se envolvem em atividades colaborativas para encontrar soluções para a pergunta motivadora – como um espelho da complexa situação social de especialistas resolvendo o problema.
4. Enquanto estão pesquisando, alunos estão usando o suporte de tecnologias que ampliam suas habilidades normais para alcançar a solução.
5. Os alunos criam uma série de produtos tangíveis, como objetos físicos, eventos, programas de computador e aplicativos, diagramas, entre outros, relacionados à pergunta motivadora. São artefatos compartilhados e representações externas acessíveis que demonstram a aprendizagem da turma.

Aqui apresentamos os conceitos básicos que norteiam o Movimento Maker nas escolas. É preciso entender a teoria que define esse movimento antes de começar a implementá-lo em sua escola. Hoje, muitas escolas estão construindo um espaço *maker* especial, todo equipado, parecido com uma oficina, para que os alunos possam desenvolver seus projetos. No entanto, também existem propostas em que os professores transformam a própria sala de aula em um espaço *maker*. A parceria com o professor de Arte é fundamental para entender os tipos de materiais que podem ser disponibilizados e o uso de cada um deles.

Os modelos de adoção são tão diversos quanto as culturas das escolas que os adotam. Não existe uma única maneira correta de implementar, pois a educação exige um envolvimento de todos que dela estão participando – professores, pais, administradores, funcionários e alunos. O Movimento Maker veio mostrar um possível caminho para fazer uma verdadeira transformação nas escolas, pois traz uma valorização da retomada da interação com o mundo em que vivemos, de forma reflexiva, relacional e criativa. A riqueza deste movimento está na parceria em que professores de diferentes áreas passam a trabalhar juntos, buscando trazer experiências significativas para seus alunos. Acompanha a tendência validada pela proposta do Novo Ensino Médio e da Base Nacional Curricular Comum – BNCC (informações disponíveis em: <http://portal.mec.gov.br/component/content/article?id=40361>) e pelos modelos educacionais sendo recriados em países de referência internacional.

Como diz Sir Ken Robinson em seu livro *Creative Schools*, uma revolução não é só definida pelas ideias que as norteiam, mas também pela escala de seu impacto. Se as ideias vão provocar ou não uma revolução depende das circunstâncias – se elas repercutirem com o número suficiente de pessoas na hora certa para levá-las a agir.

As ideias colocadas aqui não são novas. Há mais de um século pesquisadores educacionais como John Dewey, Lev Vygotsky, Jean Piaget, Seymour Papert e Paulo Freire (para mencionar alguns) advogam a favor dessa visão do que é uma educação de qualidade. Existem muitas escolas e outras instituições trabalhando duro para mostrar modelos de excelência que incorporam tais práticas; porém, chegou a hora de essa revolução atingir a todos. A melhor maneira de fazer isso seria transformando o sistema existente, que felizmente já está tornando acessível a educação em larga escala para toda a população. Falta só melhorar a qualidade dessa educação básica. A janela de oportunidade para formar um caráter ético, inovador, criativo e responsável são os anos iniciais da infância. É hora de todos nós colocarmos a mão na massa!

Referências

BLIKSTEIN, P.; MARTINEZ, S. L.; PANG, H. *Meaningful Making:* Projects and Inspirations for Fab Labs and makerspaces. Constructing Modern Knowledge Press, Stanford University, Torrance, CA, USA, 2016.

BLUMENFELD, P. C. et al. Motivating project-based learning: Sustaining the doing, supporting the learning. In *Educational psychologist*, 26(3-4). 1991. pp. 369-398.

DOUGHERTY, D. The maker movement. In *Innovations*, 7(3). 2012. pp. 11-14.

JOHNSON, L. et al. *NMC Horizon Report:* 2016 Higher Education Edition. Austin, Texas: The New Media Consortium, 2016.

KRAJCIK, J. S.; BLUMENFELD, P. C. *Project-based learning*. Na, 2006. pp. 317-334.

MARTINEZ, S. L.; STAGER, G. *Invent to Learn*: Making, Tinkering, and Engineering the Classroom. Constructing Modern Knowledge Press, 2013.

PELLEGRINO, J. W.; HILTON, M. L. (Editors). *Committee on Defining Deeper Learning and 21st Century Skills*; Center for Education; Board on Testing and Assessment; Division of Behavioral and Social Sciences and Education; National Research Council.

RESNICK, M. (2014). *Give P's a Chance:* Projects, Peers, Passion and Play. 2014. Disponível em: <constructionism2014.ifs.tuwien.ac.at/papers/1.2_1-8527.pdf>. Acesso em: 31 jan. 2019.

SOUSA, D.; PILECKI, T. *From STEM to STEAM:* using brain-compatible strategies to integrate the arts. Corwin, Thousand Oaks, California, 2013.

UNESCO. *Educação para uma cidadania global*: preparando alunos para os desafios do século XXI. 2015. Brasília. Disponível em: <http://peaunesco.org.br/encontro2015/palestras/UNESCO%20Oct%201%202015.pdf>. Acesso em: 30 jan. 2019.

WAGNER, T.; DINTERSMITH, T. *Most Likely to Succeed*: Preparing our kids for the innovation era. Scribner, 2015.

Flipped Classroom – uma estratégia ativa de aprendizagem

José Ivair Motta Filho[10]

Todos vivemos, neste exato momento, um incomparável e extraordinário início de século. Assistimos e sentimos, diariamente, os efeitos fantásticos da evolução da tecnologia como ingrediente modificador e altamente relevante quanto à forma com que as pessoas se relacionam e interagem com inúmeras soluções incomuns de consumo de produtos e serviços. Um olhar ainda mais profundo nos permite observar que os nascidos mais recentemente, aqueles que se enquadram nas chamadas geração Z e geração Alpha, nasceram (e continuam nascendo) em um mundo altamente digital – voltado às novas tecnologias –, não linear, incerto, complexo, volátil e ambíguo. Assim, cabe aqui uma pergunta bastante instigante: qual é o verdadeiro papel da escola e dos professores nesse novo cenário?

É inevitavelmente complexa e intensa a reflexão a se fazer para que essa questão seja satisfatoriamente respondida. Ainda mais quando é preciso levar em conta a escola do presente e do futuro, quando inserida na atual era das estruturas exponenciais, na qual modelos convencionais e tradicionais de negócios são desconstruídos e novos padrões de comportamentos sociais nascem num piscar de olhos. Cotidianamente, somos bombardeados com novidades, lançamentos e implementações, numa velocidade impressionante, de novas formas e paradigmas de produtos e serviços, com adesão quase instantânea dos consumidores, atraindo principalmente uma comunidade hiperconectada, mobile e crítica.

---

10   O Professor José Ivair Motta Filho é engenheiro, gestor educacional, especialista em Principles of Technology, Mestre em Tecnologias Emergentes em Educação e Consultor em Metodologias Ativas de Ensino, Inovação Educacional e Tecnologias Educacionais. Atualmente é Head of Edtech na Beenoculus e Head of Active Learning na Beetools – Startups que promovem e utilizam Realidade Virtual, Inteligência Artificial, Big Data e Adaptative Learning na Educação.

O perfil dos nascidos a partir do ano 2000 já mudou muito a forma como se faz educação. Apesar disso, de acordo com pesquisas e constatações ao redor do planeta, educadores e instituições de ensino não caminham no mesmo ritmo das mudanças e, por vezes, continuam com a adoção de práticas obsoletas e inadequadas para formar as atuais gerações e aquelas que ainda estão por vir.

Sabe-se que no Brasil há um grupo de educadores – relativamente pequeno quando comparado aos 2,2 milhões de professores da educação básica que temos em nosso país, por exemplo – que busca diversos caminhos para inovar as suas práticas em sala de aula. Porém, queixam-se de que as suas maiores dores residem no fato de terem que lidar com alunos do século XXI em um ambiente escolar estruturado, em muitos aspectos, tal como era no século XIX. Os ambientes e as práticas antiquadas e pouco atrativas acabam por não proporcionar um ecossistema adequado para uma relação produtiva entre professor-aluno-escola, fazendo que os alunos não vejam utilidade imediata nem significado em conteúdos recebidos por meio da simples exposição verbal, apresentação de *slides* ou quadros e mais quadros cheios de giz e tinta de canetões. Quando não há significado e relevância, não há motivo para estudar; assim, notas baixas e baixo rendimento aparecem naturalmente e acontece o pior: a evasão escolar.

Conhecendo essa realidade e buscando construir um processo de ensino-aprendizagem em conformidade com os desafios de um mundo em constante transformação, algumas instituições de ensino estão se movimentando e procurando enxergar, além dos seus muros, novos caminhos e possibilidades para a aprendizagem e para a nova relação necessária entre professores e alunos: o uso das metodologias ativas de ensino e das tecnologias educacionais emergentes, dando maior valor à experimentação ao aprender fazendo, à cultura *maker* e à aprendizagem colaborativa, utilizando ambientes virtuais de aprendizagem e novas vias que permitam atender com mais eficiência às necessidades dos alunos e da sociedade atual.

As metodologias ativas de ensino permitem despertar a curiosidade do aluno à medida que elas se inserem na teorização e trazem novos elementos, ainda não considerados nas aulas ou na própria perspectiva do professor. Desse modo, quando levadas em conta e analisadas as contribuições dos alunos, valorizando-as, são estimulados os sentimentos de participação, percepção de competência, além da persistência nos estudos (BERBEL, 2011). Portanto, as metodologias ativas de ensino trazem consigo objetivos que promovem a aprendizagem participativa, visando a autonomia do aluno e o seu protagonismo na construção do conhecimento e na busca dos seus objetivos no que se refere ao seu projeto de vida. Nesse contexto, a educação centrada no aluno passa a ser indispensável para a concepção de um pensamento crítico, de incentivo à elaboração de conteúdos autorais, de compartilhamento e evolução dessas criações e das ideias para a resolução de problemas mais significativos e relevantes para a sua própria formação.

Com base nesse novo *mindset*, de uma educação centrada no estudante, e buscando promover uma formação docente que atenda às demandas dos novos tempos, alguns colégios e instituições de ensino superior têm promovido e apostado em alternativas diferenciadas em termos de metodologias ativas de ensino: *Peer Instruction*, *Think/Pair/Share*, *Team Based Learning*, *Design Thinking*, *Jigsaw Classroom*, *Gamefication*, *Emphaty Maps*, *Just In Time Teaching*, *Storytelling*, entre outras. Além disso, alguns professores que adotam essas estratégias ativas procuram potencializar ainda mais esses momentos presenciais com os alunos, utilizando-se das premissas da *Flipped Classroom* – a "sala de aula invertida" – na qual os alunos recebem previamente os conteúdos a serem estudados (o chamado "momento a distância" ou "estudo prévio dos conteúdos") e, no momento presencial em que alunos e professores estão fisicamente juntos, praticam-se as metodologias citadas anteriormente. Ou seja, trata-se de uma caixa de ferramentas fantástica e totalmente engajada ao espírito do ensino híbrido (momentos *online* e momentos presenciais diferenciados).

Quando começamos a ler, a ouvir relatos e a conversar sobre a possibilidade de planejar uma aula no estilo *Flipped Classroom*, algumas preocupações aparecem naturalmente: será que o meu aluno realizará esse estudo prévio? Após a minha explicação em sala e após resolver exercícios, debater, questionar e detalhar os conteúdos, eu deixo tarefa para casa que raramente são feitas com a qualidade esperada... E agora eu vou esperar que o meu aluno faça algo antes da aula?

Antes de detalhar os passos e sugerir elementos para o planejamento de uma sala de aula invertida, tenho um pedido a fazer: pare agora mesmo tudo o que você está fazendo. Pare e dê uma olhadinha para as crianças, adolescentes e jovens que estão aí ao seu redor. Observe-os por alguns instantes e verá que eles estão diante de um *smartphone*, de um *tablet* ou de um *Kindle*. Se estiverem mexendo agora em um *smartphone*, é bem provável que eles não estejam falando ao utilizar esse dispositivo, mas tocando em uma tela. Ao mesmo tempo que parecem apressados, estão completamente atentos esperando uma nova mensagem, um novo *like* ou algo que brilhe ou pulse na tela.

Os grupos de pessoas mencionados nas linhas anteriores podem ser classificados como "*screenagers*", uma designação em língua inglesa usada para se referir a indivíduos que preferem ler, interagir com pessoas e com o mundo utilizando-se de uma tela. Diariamente, esses indivíduos são despertados pelo toque musical de um alarme vindo do seu celular ou *smartwatch* e, imediatamente após o toque do dedo na tela para desligá-lo ou ativar a função "soneca", já aproveitam para checar as últimas mensagens e novidades em suas redes sociais, e tudo isso acontece antes mesmo de saírem da cama. No trajeto para a escola, continuam grudados em seus *devices* e, alguns deles, ainda interagem com a telinha do *Medianav Touch* que está ali, disponível no painel do carro. Passam a maior parte do dia hiperconectados a algum tipo de tela e, à noite, ao trocarem ainda mais mensagens com seus amigos por meio de *notebooks*, *tablets* e *smartphones*, podem finalmente sentar para relaxar com os *downloads* e *uploads* da internet pelo *wi-fi* de sua casa, ao assistirem às suas séries preferidas ou ao jogarem *online* com pessoas de qualquer lugar do mundo.

Há um livro bastante interessante, chamado *Growing Up Digital: The Rise of the Net Generation* [Crescimento digital: A ascensão da geração em rede], em que o autor, Don Tapscott, discorre sobre o fato de que um estudante pré-adolescente da atualidade terá sido exposto a 30 mil horas de informação digital quando chegar aos 20 anos. E ainda podemos somar a esse relato, as evidências de que o consumo de mídia impressa, incluindo livros e jornais, está em declínio. Dada a realidade da cultura de tela entre adolescentes, temos que refletir sobre quais são as atitudes, comportamentos e práticas que pais, professores e empregadores precisarão aprender (e incorporar) para se comunicar e se fazer entender diante dessa nova geração de indivíduos digitalmente ativos.

Ademais, diante desse novo padrão de comportamento dos nossos alunos, é preciso ficar atento ao que nos traz a Educação 4.0. O termo pode parecer estranho, mas o fato é que ele apresenta uma realidade que, a cada dia, será cada vez mais comum em sala de aula. Na Educação 4.0, a tecnologia ganha espaço: a inteligência artificial, a linguagem computacional, a realidade virtual e aumentada, o *big data analytics* para a execução do ensino personalizado, a criação de *makerspaces* como laboratórios de experimentação, as soluções de ensino inovadoras que privilegiem as metodologias ativas de ensino e o processo de *learning by doing* – o aprender fazendo.

Tudo isso é totalmente aderente ao pensamento dos *screenagers*, o qual é muito diferente dos padrões de gerações anteriores: eles são *multitask* – fazem várias tarefas ao mesmo tempo: computador ligado no jogo preferido, *smartphone* nas redes sociais, televisão na série do momento e outros canais sendo vistos em mosaico na tela, revistas e outras possíveis leituras também estão abertas e disponíveis; gostam de experiências individualizadas, textos não lineares fazem mais sentido para eles e preferem imagens, *gifs* e grafismos sobre palavras e legendas. Memória é coisa para guardar fotos e vídeos em seus *devices*. Se precisam de informações, vão ao Google.

Frequentemente usam recursos digitais para se expressarem e até mesmo para evitarem desgastes, aborrecimentos ou comprometimentos. Essa geração digital possui grande afinidade com ambientes repletos de sensores, *frameworks* e aplicativos que permitam respostas rápidas, elogios ou recompensas. Vivem no agora e tudo deve acontecer de maneira instantânea. Seus cérebros estão sempre no modo "*On*" para múltiplos canais de informação, embora a atenção e a compreensão possam ser consideradas superficiais. Eles querem que tudo aconteça rapidamente e, como resultado, quase sempre são impacientes. Falar das características dos indivíduos *touchscreen* é reforçar as características das pessoas das gerações Z e Alpha, que nasceram e estão crescendo em uma sociedade com uma evidente cultura de internet, em um ambiente orientado para a multimídia e suas infinitas possibilidades.

E agora são bem esses indivíduos, com incontáveis características de um mundo em transformação, que estão bem aqui, ali e acolá: sentados enfileirados em uma sala de aula esperando que algo extraordinário aconteça, algo que os interesse, que agregue, que lhes cause espanto, que faça seus olhos brilharem e seu coração acelerar. Esperam por algo que faça sentido, que inspire, que seja útil e que seja possível compartilhar. Se nada disso acontecer, não há motivo para a ação em prol do aprendizado, da resolução de exercícios, da escrita de uma redação ou do preparo de um seminário ou um *paper* acadêmico. O ensino puramente tradicional não cabe mais nesse contexto. Em um formato convencional de aula, um professor procura, por meio da preleção dos conteúdos básicos daquela aula, que os seus alunos aprendam o suficiente para realizarem as suas tarefas de casa, trabalhos e preparo para as avaliações que estão por vir. E há professores que até esperam que seus alunos se aprofundem e que vão além daquilo que foi entregue em sala de aula, o que sabemos que não acontece, de fato, com a maioria dos nossos alunos.

Que tal, então, aproveitarmos toda essa energia que reside em cada uma das crianças, adolescentes e jovens das nossas escolas, somada à inclinação natural que possuem para tocar em uma tela e esmiuçarem os recursos existentes em dispositivos móveis para o aprendizado de conteúdos escolares? Que tal aproveitar todos esses ingredientes e essas características observadas em nossos alunos para inverter o processo de ensinar e aprender em nossas aulas e, assim, tirar maior proveito de todas as inteligências múltiplas que estão ali, vivas, em nossos colégios e universidades? E sabe o que é o melhor nisso tudo? É possível! Temos um pano de fundo perfeito. Um terreno fértil esperando pelos desafios e pelas conquistas que são obtidas por meio da adoção do Flipped Classroom – a sala de aula invertida – na estratégia de ensino de muitos conteúdos curriculares e extracurriculares.

A sala de aula invertida propõe uma real inversão de modelo de ensino. Busca romper com um formato que é voltado apenas para aulas expositivas, em que os alunos estão passivos em sala assistindo ao protagonismo do professor, promovendo uma participação mais ativa e colaborativa dos alunos antes, durante e após o consumo de determinado conteúdo. Tudo isso mediado pelo professor, que agora se coloca no papel de mediador do conhecimento, facilitador dos processos de contato do aluno com os tópicos das aulas, curador de conteúdos para o estudo prévio dos alunos, uma espécie de *coach* ao pensar que o professor também deve se interessar em ajudar a construir o projeto de vida do seu aluno. Isso está muito claro na BNCC (Base Nacional Comum Curricular) como uma das competências gerais a serem alcançadas com os alunos na escola.

Ao nos debruçarmos sobre o que dizem os criadores da metodologia "sala de aula invertida", os professores Jonathan Bergmann e Aaron Sams (2016), nos deparamos com o seguinte conceito:

> [...] o que antes era feito na sala de aula do modelo tradicional, agora é executado em casa, enquanto as atividades que eram realizadas sozinhas pelos alunos como tarefa de casa, agora são feitas em sala de aula com a participação e colaboração de todos.

Ao incorporar o *Flipped Classroom* em sua prática pedagógica, o professor navega e executa com os seus alunos uma prática de ensino híbrido, que é uma das grandes tendências da educação mundial, pois é uma estratégia que procura otimizar o tempo que o professor e os alunos passam juntos na escola. A proposta dessa estratégia diferenciada de aprendizagem não inverte apenas a estrutura do processo de ensinar e aprender, mas interfere como agente transformador dos papéis de professores e alunos no dia a dia da escola. A aula agora tem como principal objetivo o protagonismo do aluno e o compromisso de cada um deles em realizar, principalmente, as atividades antes do momento presencial em sala de aula com os colegas e o professor:

> A sala de aula invertida prevê o acesso ao conteúdo antes da aula pelos alunos e o uso dos primeiros minutos em sala para esclarecimento de dúvidas, de modo a sanar equívocos antes dos conceitos serem aplicados nas atividades práticas mais extensas no tempo de classe (BERGMANN; SAMS, 2012; 2016).

Dessa forma, o professor mediador está pronto para entrar em cena, a fim de acolher o que foi estudado e lapidar todos os *insights* trazidos pelos alunos, ajudando-os na compreensão dos pontos mais importantes do conteúdo e realizando os necessários *feedforwards* no que se refere a corrigir erros, esclarecer dúvidas e orientar os alunos para os próximos passos.

Esse planejamento de aula, bastante inovador e ousado, gera reflexos até na estrutura daquilo que seria habitual em termos de Taxonomia de Bloom para uma aula em estilo convencional. A tradicional pirâmide de verbos, agora revisada, sugere que um professor gasta muito tempo em sala de aula com o que é chamado de pensamento de ordem inferior: recordar e compreender. E, ao adotar a "sala de aula invertida", os professores J. Bergmann e A. Sams defendem uma alteração do formato piramidal para um formato diamante, em que sobra mais tempo em sala para que os professores possam aplicar e analisar os conteúdos com os seus alunos e, dessa forma, obter mais facilmente condições para evoluir, criar e transferir ideias que conversem com as outras áreas de conhecimento, promovendo a interdisciplinaridade e conexão dos conteúdos.

Taxonomia de Bloom Revisada em Formato Pirâmide.

<http://missglauedu.weebly.com/taxonomia-de-bloom-e-tecnologia.html>
Acesso em 8 dez. 2018.

Pensamento de Ordem Superior

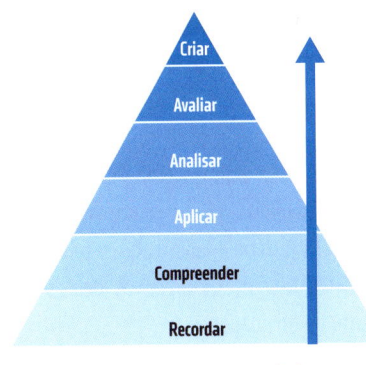

- Criar
- Avaliar
- Analisar
- Aplicar
- Compreender
- Recordar

Pensamento de Ordem Inferior

Taxonomia de Bloom Revisada em Formato Diamante.

<http://www.maggiehosmcgrane.com/2015/07/flipped-learning-and-blooms-taxonomy.html>
Acesso em 8 dez. 2018.

- Criar
- Avaliar
- Analisar
- Aplicar
- Compreender
- Recordar

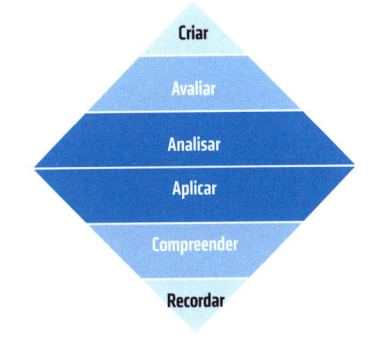

Diante de tudo o que foi apresentado até agora e considerando ser possível atingir resultados consideráveis em termos de aprendizagem por parte dos alunos, como preparar uma aula no estilo *Flipped Classroom*? Quais são os elementos que fazem parte do escopo de um projeto para executar uma "sala de aula invertida", com começo, meio e fim e que realmente ative os alunos em termos de participação, engajamento e desempenho acadêmico? Não há uma cartilha pronta nem fórmula mágica. O que será indicado a partir de agora faz parte de uma espécie de coleta de experiências de sucesso e relatos de professores que ousaram mudar e experimentar essa nova possibilidade com os seus alunos. Vamos, então, àquilo que chamamos de primeiros passos, o que é preciso fazer antes de tudo.

1. Pense em uma aula que possui um conteúdo que você sempre gostou (e gosta) de ensinar de forma expositiva, aquela aula em que você possui extrema afinidade com o conteúdo e que sempre foi muito bem acolhida nesse formato pelos seus alunos.
2. Depois de escolher a aula e o seu respectivo conteúdo, pegue o seu celular e grave um vídeo (de no máximo 8 minutos) contando para os seus alunos o que será estudado. Faça isso de uma maneira mais informal, fale da importância desse conteúdo para a compreensão de algo maior, diga em que aspecto da vida real isso está presente, fale sobre o autor, a lei, o teorema, a regra, a utilidade disso para as pessoas e para a sociedade. Conte de um jeito em que os ingredientes de um bom *storytelling* estejam presentes: chame a atenção, desperte o interesse, entregue emoção e chame o ouvinte para a ação. Feito isso, você terá acabado de criar um conteúdo, um vídeo autoral sobre algo que você ensina há muito tempo. Tendo isso em mãos, crie (se você ainda não possui) o seu canal no YouTube. Esse poderá ser um ótimo meio de comunicação entre você, seus alunos e outros interessados pelo tema e conteúdo que você acabou de fabricar.
3. Agora faça o seguinte: acesse o YouTube, faça uma pesquisa e procure um vídeo explicando esse mesmo conteúdo que faz parte da aula. Isso é o que chamamos de curadoria. Ou seja, você pesquisará e avaliará a possibilidade de indicar aos seus alunos algum material que já está pronto e disponível em formato de vídeo na *web*. Ao realizar essa procura, essa investigação do conteúdo, muitos professores se surpreendem com novidades sobre o tema a ser estudado pelos alunos, se deparam com pontos de vista diferentes, com novas ideias e aplicações desse conteúdo em suas aulas e planejamento de atividades.
4. Reúna as suas notas de aula referentes ao assunto a ser estudado (que estão em Word, PowerPoint, Prezi, Docs etc.) e deixe tudo isso impecavelmente organizado em uma pasta no seu computador, *pen-drive* ou nuvem.

5. Encontre artigos científicos ou textos de revistas técnico-científicas que tratem do assunto a ser explorado na aula. É muito importante que os alunos tenham acesso a esse tipo de escrita, de organização das ideias de uma forma acadêmica, que valoriza a pesquisa e a conclusão acerca dos temas que são estudados em sala de aula. Esse material, quando entregue aos alunos – independentemente do segmento de ensino e adaptado a cada idade –, traz um significativo reforço aos aspectos teóricos do tema estudado. Arquive tudo isso com capricho e ordem.
6. Pesquise sobre curiosidades, fatos interessantes, passagens divertidas, charges, textos e histórias "mais leves" e atrativas sobre o assunto a ser estudado. Guarde esses *links* ou recortes em seus arquivos de aulas.
7. Não se esqueça de criar uma espécie de aviso, *post-it* ou *banner* virtual (ou outro recurso visualmente atrativo) que informe claramente aos alunos em que páginas do livro, texto ou apostila se encontra o conteúdo que eles estão recebendo de forma diferenciada. É importante que os alunos saibam que os conteúdos do livro estão sendo trabalhados em diversos formatos, e não apenas da forma como o material didático os apresenta.

Realizados esses passos, agora o professor possui uma espécie de "estante de conteúdos" a serem disponibilizados por meio do Ambiente Virtual de Aprendizagem (AVA) da instituição, ou outra plataforma utilizada para a interação e disponibilização de materiais aos estudantes. A instituição também pode utilizar recursos mais sofisticados, como algum LMS (Learning Management System), que, como o próprio nome evidencia, é um sistema capaz de gerenciar, distribuir, registrar e relatar o desempenho dos alunos, ou seja, um Learning Management System é um *software* que controla o desenvolvimento, gerenciamento e acompanhamento de cursos de aprendizagem mediadas por tecnologia via *web*.

Vale ressaltar que, ao organizar tudo o que foi sugerido anteriormente para a realização de uma aula no estilo *Flipped Classroom*, o professor incorpora à sua prática pedagógica o chamado Desenho Universal para a Aprendizagem (Universal Design for Learning – UDL), teoria educacional que foi desenvolvida na Universidade de Harvard, que traz consigo os seguintes princípios: a) apresentar as informações e conteúdos em diferentes formatos; b) estimular o interesse e o engajamento dos alunos para a aprendizagem de novos conteúdos; c) permitir aos alunos se expressarem e representarem os conteúdos de diversas formas.

Cabe agora ao professor, utilizando-se da sua abordagem, perspicácia e poder de persuasão, realizar todas as explicações necessárias para o bom andamento do estudo prévio a ser realizado pelos alunos. Esses combinados pedagógicos são indispensáveis para o sucesso de toda a implementação e execução de uma "sala de aula invertida". Disponibilize aos alunos tudo o que você construiu, pesquisou e organizou, dando ênfase à importância da exploração desses materiais até o momento presencial em que, juntos, professores e alunos realizarão os devidos aprofundamentos, discussões, realização de exercícios e outras atividades para o efetivo aprendizado colaborativo e ativo.

Revisando inúmeros textos e artigos que tratam da metodologia "sala de aula invertida", é possível elencar os seus principais objetivos para todo o processo de ensino-aprendizagem:

1. despertar os alunos para que assumam a responsabilidade pela própria aprendizagem;
2. promover a educação centrada no aluno, deslocando a atenção que era apenas no professor (frente da sala) para todos os alunos da sala de aula (todos os lados);
3. customizar, diferenciar e personalizar (com certa facilidade) as aulas de um professor para determinada turma;
4. dar voz aos alunos, permitir *feedforward* imediato e oferecer oportunidades de recuperação de conteúdos ao longo da própria aula (uma espécie de *just in time teaching*);
5. aumentar a interação entre professores e alunos ao admitir vários meios para a aprendizagem dos conteúdos;
6. dar ao professor o *status* de orientador, mediador do conhecimento em sala de aula, um *coach* educacional;
7. fomentar lideranças e despertar o gosto pela pesquisa;
8. incentivar a criação de comunidades de aprendizagem e promoção da autonomia dos alunos.

Portanto, diante desse novo paradigma, cabe ao professor se reinventar a cada aula e planejar adequadamente os seus recursos para um ensino que potencialize o significado dos conteúdos, despertando o interesse dos alunos. Faz-se necessária a constante criação de novos caminhos, novas táticas e alternativas inovadoras em termos de metodologias de ensino. Nesse sentido, analisando o que é inovação da prática pedagógica, tem-se, segundo Philippe Perrenoud (2002, p. 62), que: "em última instância, inovar é transformar a própria prática, o que não pode acontecer sem uma análise do que é feito e das razões para manter ou mudar".

O professor do presente e do futuro deve deixar de ser o protagonista sobre o tablado à frente da sala de aula; agora ele passa a ser um *designer* de experiências emocionantes de aprendizagem, com base em dados e informações que levarão – professores e alunos – ao conhecimento efetivo sobre determinado assunto, à efervescência de ideias de aplicações desse conteúdo e à sabedoria necessária para a transferência de tais saberes para o âmbito social e profissional. O desafio é grande e o sonho, também. Vamos em frente, professores. O futuro é agora!

Referências

BACICH, L.; MORAN. J. M. *Metodologias ativas para uma educação inovadora*: uma abordagem teórico prática. Porto Alegre: Penso, 2018.

BERBEL, N. A. N. As metodologias ativas e a promoção da autonomia de estudantes. *1º Semina: Ciências Sociais e Humanas*, Londrina, v. 32. n. 1, p. 25-40, jan/jun. 2011.

BERGMANN, J. *Aprendizagem invertida para resolver o problema do dever de casa*. Tradução: Henrique de Oliveira Guerra; revisão técnica: Marcelo Gabriel. Porto Alegre: Penso, 2018.

BERGMANN, J.; SAMS, A. *Flip your classroom*: Reach every student in every class every day. USA: ISTE, 2012.

—. *Sala de aula invertida*: uma metodologia ativa de aprendizagem. Rio de Janeiro: LTC, 2016.

COSTA, D. *O cérebro do screenager*. Must University, 2018.

MORAN, J. M. *Mudando a educação com metodologias ativas*. Disponível em: <http://www2.eca.usp.br/moran/wp-ontent/uploads/2013/12/mudando_moran.pdf>. Acesso em: 28 dez. 2018.

PERRENOUD, P. *A prática reflexiva no ofício de professor*: profissionalização e razão pedagógica. Porto Alegre: Artmed, 2002.

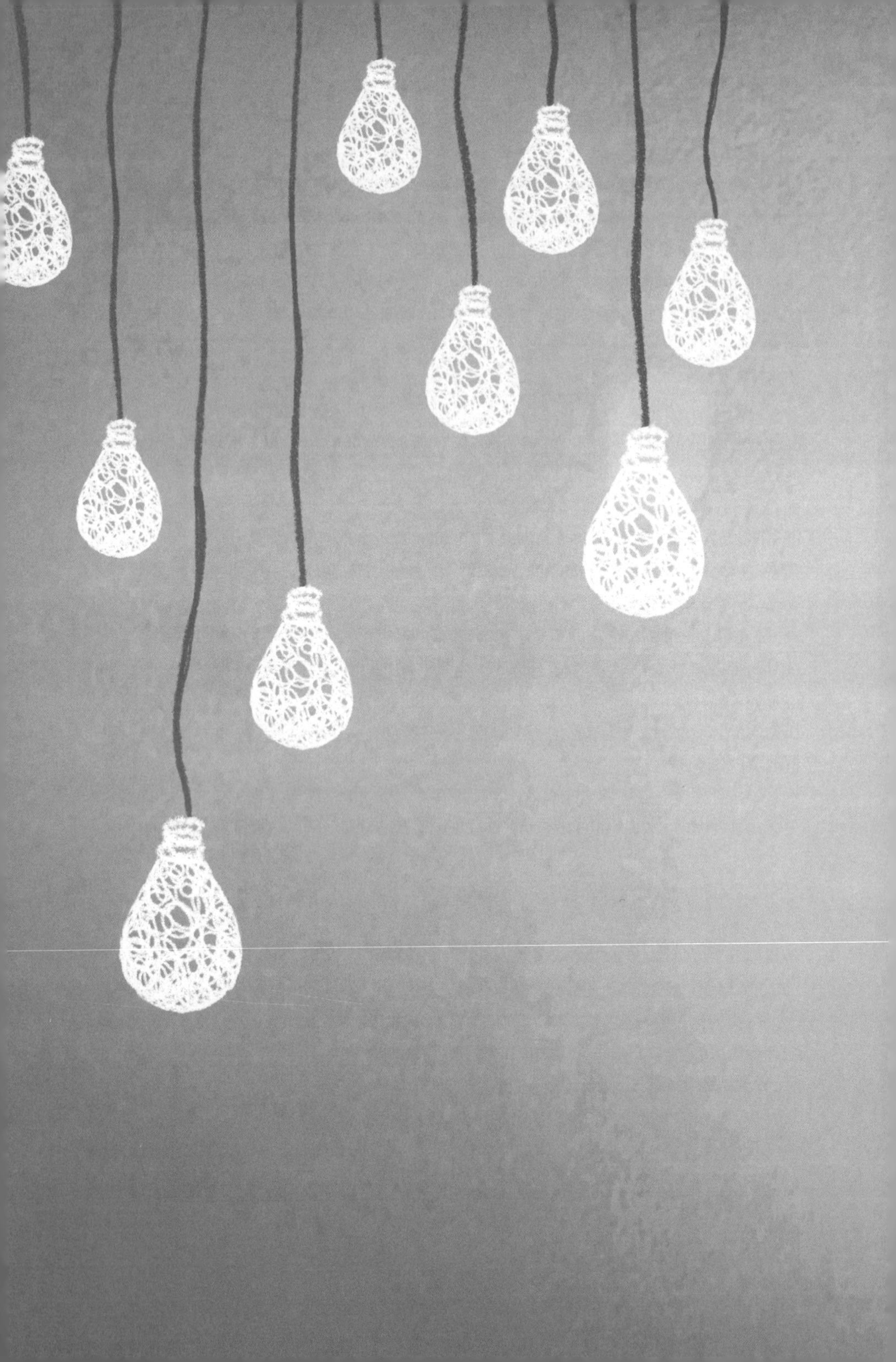

Aprendizagem lúdica

Carlos Seabra[11]

Vivemos num jogo, que é a vida; um jogo não no sentido de manipulação do outro, embora muita gente jogue assim (o jogo do poder, por exemplo, é constituído basicamente de "cartas marcadas"). Podemos pensar no planeta como um tabuleiro, pois ele é todo cheio de "casinhas", latitudes, longitudes – e nós somos as "peças". Em parte, herdamos da nossa genética e cultura as regras do jogo; em parte, nós as inventamos, reinventamos e tentamos descobrir que regras são essas.

Jogos e educação nem sempre é uma combinação que dá certo e aparentemente encerra várias contradições (reais) que inviabilizam seu uso prático. Felizmente, com o progressivo abandono da visão taylorista-fordista da educação, baseada em mero ensino, e com o advento da adoção de **metodologias ativas** com foco na aprendizagem, em que o aluno assume um protagonismo cognitivo que permite (e exige) um professor que use sua imaginação pedagógica, que perceba o que se passa na mente de seus alunos, hoje a **aprendizagem lúdica** encontra boas condições de utilização.

O papel do professor ficou mais fácil? Nada disso. Ao contrário do que possa parecer, seus desafios são maiores do que nunca, até porque a sociedade da informação e do conhecimento torna a educação cada vez mais complexa e essencial.

Gamificação é um conceito que está em voga. Embora muitas vezes seja encarada de forma equivocada ou simplista, a gamificação não significa apenas o ato de criar jogos para gerar certas dinâmicas interativas e motivar/engajar seus participantes. É certo que uma ação gamificada (neologismo largamente empregado para o que poderíamos chamar em nosso idioma de "ludificação"), em geral, pressupõe a criação de uma estratégia lúdica, com regras e outros componentes que caracterizam um jogo; porém, além das mecânicas divertidas e estimulantes à participação, obtidas geralmente por meio de pontos para a maioria das ações do usuário, que pode ganhar também

---

11 Carlos Seabra é editor multimídia, criador de jogos educacionais e de entretenimento, digitais e de tabuleiro, especialista em projetos de tecnologia educacional. Diretor de Desenvolvimento e Projetos da Zoom Education (carlos.seabra@zoom.education).

badges (distintivos, troféus ou medalhas), outro fator importante são as eventuais premiações dos participantes com os melhores resultados. A interação entre os participantes deve sempre ter como objetivo não apenas mesclar a cooperação e a competitividade, mas também dosar os aspectos de sorte (aleatórios) com a estratégia de decisão/construção do jogador (raciocínio).

Para entender de forma mais profunda e significativa a questão da aprendizagem lúdica, é essencial a leitura de um livro muito interessante, o *Homo Ludens*, de Johan Huizinga. Nessa obra escrita em 1938 (publicada no Brasil pela Editora Perspectiva), o autor aborda o jogo na história da humanidade, nas relações entre as pessoas; ele mostra como existe algo de jogo em tudo – tanto entre os seres humanos como entre os animais. Quando dois cachorrinhos, por exemplo, estão brigando, na verdade eles estão brincando de brigar e se preparando para futuras disputas pela fêmea, pelo território ou pelo alimento. Segundo Huizinga: "É no jogo e pelo jogo que a civilização surge e se desenvolve".

Jogos são atividades que dão prazer e são, em geral, menosprezados. Isso tem origem na estrutura de nossa educação escolar, que deve ser mudada. O significado grego da palavra "escola" é descanso, folga, ócio, ou seja, um local de alegria. Portanto, isto é o que a escola deveria ser: um local para se ter prazer intelectual, prazer em aprender. A criança que está curiosa para saber o que são aquelas letrinhas que vê aqui e ali, entra na escola e sai dela odiando Machado de Assis. É um jogo que não está dando certo, pois nasceu da construção de competências de outra sociedade, a da mão de obra fabril. Hoje, a escola ainda é taylorista e fordista, os alunos aprendem mais a ter disciplina do que a ter prazer nos estudos. A isso se juntam alguns traços da nossa cultura, que associa o erro ao pecado, e não à formulação de uma hipótese sem sucesso. Errar é parte intrínseca do jogo e da aprendizagem.

Jogos na escola

Para usar jogos de tabuleiro na escola, você precisa selecionar os que se adequem, em função do número de jogadores e, principalmente, da duração de cada partida. Experimente discutir com seus alunos sobre os jogos que eles têm usado e peça que verbalizem o que aprenderam. Eles podem não fazer imediatamente a relação com os conteúdos estudados na escola, mas é muito possível que isso aconteça, pois pode ser muito rica a percepção sobre habilidades e competências desenvolvidas nesses jogos. Faça muitas perguntas e estimule-os a levantar hipóteses.

Acompanhar como seus alunos jogam, perceber seu comportamento, suas estratégias, como lidam com a vitória e com a derrota, certamente será uma oportunidade ímpar para perceber como cada um deles trabalha com a lógica do jogo, que raciocínios tem e como lida com suas emoções.

O potencial educacional de um jogo é revelado por sua proposta de uso. Por exemplo, um *game* de aviação com pousos e decolagens, navegação por mapas e até mesmo combates, ambientado na Segunda Guerra Mundial, poderá ser usado por diversas disciplinas, como História, Geografia e Matemática.

O segredo do sucesso está na vivência de situações que permitam ao jogador experienciar uma realidade virtual que não deixa de ser real. E é preciso garantir a jogabilidade, o interesse, a interação entre os jogadores, a fim de assegurar que a experiência vivida no jogo possa ser transportada para outras situações, permitindo abordagens conceituais, analogias, teorização dos fatos e processos vivenciados.

Outra possibilidade interessante é você dividir a classe em grupos e encarregar cada equipe de inventar um jogo sobre uma ou mais temáticas que você fornecerá. Discuta com a turma as várias possibilidades: os alunos tanto podem criar um jogo de tabuleiro ou que use cartas especiais como podem planejar um jogo digital. Chegar a um produto acabado e jogável é algo muito difícil, por isso o importante é desenvolver a ideia, planejar os componentes e definir as regras, mesmo que não se chegue ao produto final. Isso é particularmente relevante no caso de jogos digitais, mais difíceis de desenvolver (embora possa ser uma interessante oportunidade de entrar no fascinante mundo da programação, muito facilitada hoje em dia por ferramentas como o Scratch, uma linguagem de programação criada no MIT e disponível gratuitamente).

Também poderá ser uma experiência bastante rica você escolher um jogo digital e projetá-lo na sala de aula, através do projetor multimídia, jogando com a classe toda tomando decisões. Isso pode ser especialmente interessante se você usar jogos de construção e simulação, como *SimCity*, *Civilization*, *The Sims*, *Flight Simulator*, *Theme Park*, *Euro Truck Simulator*, *Poly Bridge*, *Kerbal Space Program* e inúmeros outros.

Você também pode engajar seus alunos na confecção de versões de jogos de tabuleiro em escala maior, usando madeira, impressora 3D etc. Algo bem *maker*. Isso é particularmente interessante de ser feito com jogos clássicos, como Xadrez, Damas, Go, Mancalas, Adugo, Senet...

O entendimento das regras dos jogos, sempre um dos aspectos mais "chatos" no processo de usar jogos de tabuleiro, por exemplo, é uma competência descrita na BNCC (EF04LP13): "Identificar e reproduzir, em textos injuntivos instrucionais (instruções de jogos digitais ou impressos), a formatação própria desses textos (verbos imperativos, indicação de passos a ser seguidos) e formato específico dos textos orais ou escritos desses gêneros (lista/apresentação de materiais e instruções/passos de jogo)".

O uso efetivo do lúdico na educação está vinculado à necessidade de criar condições e conquistar espaço e tempo. Na prática, o atual esquema educacional impede que professores usem jogos – a não ser em pequenas experiências específicas – na escola. Um professor que usar contínua, consequente e estruturalmente os jogos na educação terá sérias resistências da administração da escola, dos pais dos alunos, de seus pares e muitas vezes até dos próprios estudantes. As possibilidades são inúmeras, o objetivo é desejável e os resultados podem ser relevantes; entretanto, o processo de aplicação não é nada fácil e exige a mudança de inúmeros paradigmas, pois não deve envolver apenas os professores, mas também toda a comunidade escolar.

É preciso que a escola tenha em mente que ser educativa é função dela, e não do jogo. A escola, no entanto, não pode achar que sua função seja ensinar os alunos a buscar entretenimento e prazer nas atividades lúdicas. O uso dos jogos deve ter o propósito de contribuir com o desenvolvimento do intelecto de cada estudante.

O lúdico na relação ensino-aprendizagem

O lúdico não deve estar somente em jogos específicos, mas também pode permear os "algoritmos" das relações de ensino e aprendizagem. Por exemplo, uma prova poderia ser assim: o aluno traz a avaliação para a professora, que lhe diz: "Joãozinho, a primeira questão está certa, mas você foi muito lacônico; peço que você reconsidere e aprofunde um pouco mais a resposta. A segunda está totalmente errada, você deve pesquisar melhor. A terceira está muito boa, até peço licença para usá-la em minhas aulas futuras"; então ela devolve a prova a Joãozinho e, quando ele a trouxer pela segunda vez, após os comentários da professora, aí sim a avaliação deverá ser merecedora de nota. Isso é mudar as regras do jogo. Nesse sentido, o raciocínio lúdico é muito importante para entender o mundo. Às vezes, infelizmente, o jogo é usado em um sentido pejorativo, como sinônimo de manipulação. No entanto, a consciência lúdica é mais uma ferramenta para entender a realidade.

O erro é lúdico também. *Master Mind* é um jogo internacionalmente conhecido, lançado no Brasil como *Senha*. Você coloca uns pinos coloridos, e o adversário tem que adivinhar a ordem deles. Conforme ele põe pinos coloridos, você responde colocando pininhos pretos ou brancos indicando se é a cor certa no lugar certo ou no lugar errado. Nesse sentido, a melhor resposta que você pode ter, quando você formula a sua hipótese, é o outro dizer que você errou tudo, pois assim você já descarta de cara aquelas cores todas. É a melhor coisa, a melhor informação que poderia haver, porque do erro advém a informação. É na escola que se forma uma série de conceitos, e acabamos carregando isso, por exemplo, do errar como um sinônimo de pecar. Isso também tem a ver com a cultura industrial, porque o operário que está na linha de montagem, como Charles Chaplin em *Tempos Modernos*, não pode errar, pois seu erro vai atrapalhar a esteira de montagem. Errar é um luxo impensável na sociedade industrial, mas, na sociedade da informação e da comunicação, o erro deve ser entendido enquanto estratégia de descoberta.

Vivendo outras realidades

Quem, ao jogar *War*, já não foi um grande general que arrasou continentes? No fundo, aquele sujeito é o maior pacifista do mundo, incapaz de matar uma mosca. Faz parte do processo civilizatório viver coisas que você não é, até para saber que não quer ser. Quando você lê um romance passado na Bessarábia, pode achar que foi ótimo ler o livro, mas não pretende ir passar suas férias lá. Quando joga um joguinho em que você é um grande assassino nas catacumbas de determinado planeta, você descarrega toda uma energia. Isso não é barbárie. Barbárie é um sujeito no boteco da esquina quebrar uma garrafa e espetar a garganta do outro, assassiná-lo porque estava um pouco alto e o alvo disse que torcia para o time que ele odeia. Processo civilizatório é o sujeito dar vazão a toda essa carga primitiva e agressiva em processos criativos, seja na arte, seja na música. Beethoven, por exemplo, teve uma severa depressão por causa da surdez progressiva e chegou a pensar em suicídio; só que usou essa "noite negra da alma" para produzir sinfonias fantásticas. Já Van Gogh ficou louco e mobilizou sua insanidade para criar pinturas magníficas.

Quando alguém está jogando xadrez, acha que isso é civilizado e não percebe que representa uma agressão recíproca, porque se trata do simulacro de uma batalha. Entretanto, o xadrez mudou também ao longo do tempo. Por exemplo, o xadrez que acabei de mencionar, nasceu como *chaturanga* na Índia; ele era um jogo para quatro pessoas, característica dos jogos indianos. Quando foi para os países árabes, o xadrez virou *shatranj* e passou a ser jogado por duas pessoas; em vez de ter dois reis no exército, passou-se a ter um vice-rei. Só quando o xadrez veio para o Ocidente é que o vice-rei passou a ser chamado de rainha. Quanto ao elefante: quando o jogo veio para o Ocidente, a estilização das duas orelhas do animal fazia lembrar a mitra do bispo; então, ele passou a ser chamado de bispo. E, quando no xadrez ocidental o peão chegava à última fileira, ele ficava lá parado esperando ser comido. Foi preciso vir a Revolução Francesa para mudar o papel do peão no xadrez. Só depois disso é que o peão na última linha foi promovido a uma peça nobre.

Assim, não se assuste com os jogos que seus alunos ou filhos usam. No entanto, é bom você acompanhá-los, jogar junto ou assistir e conversar, para perceber os processos mentais e emocionais, as formas de resolução de problemas que eles usam e, eventualmente, detectar fatores que possam ser motivo de preocupação.

Nesse sentido, as redes sociais (Facebook, Instagram, Twitter e mesmo os grupos de WhatsApp etc.) são um grande jogo em que as pessoas são personagens. Mesmo quando o sujeito pretende ser o que não é, no fundo ele é. Aquilo que você quer ser é parte daquilo que você é. Então, quem afirma que quer ser médico, de alguma forma, já é um pouquinho médico. Só pelo fato de querer ser, ele já passa a ser. É como Fernando Pessoa já dizia em seu poema "Autopsicografia": "O poeta é um fingidor. / Finge tão completamente / que chega a fingir que é dor / a dor que deveras sente".

O que desejo apontar é que inventar histórias, imaginar situações, posicionar-se no lugar de determinados personagens, tudo isso tem um enorme potencial a ser usado na educação, seja por meio de jogos de tabuleiro ou digitais, seja por meio da montagem de peças de teatro, da produção de vídeos no YouTube ou da criação de cenários para projetos de programação e interação com robôs.

Um bom início é a escola ter uma brinquedoteca ou ludoteca, cujo acervo também poderá ser discutido com os alunos.

Quero finalizar citando Jean Piaget: "O jogo é um tipo de atividade particularmente poderoso para o exercício da vida social e da atividade construtiva da criança".

STEM, STEAM, como assim?

Vinicius Signorelli[12]

Foi no ano de 2001 que a bióloga Judith Ramaley, diretora de educação da National Science Foundation (NSF), resolveu mudar a sigla SMET para STEM e criou um acrônimo que deu certo.

> Verbete STEM na Encyclopædia Britannica. Disponível em: <www.britannica.com/topic/STEM-education>, acesso em: 30 jan. 2019.

E o que significa SMET? Por que SMET ou STEM?

Nos anos 1950, reflexões sobre o ensino de Ciências Naturais e Sociais na Educação Fundamental passaram a considerar a importância da multidisciplinaridade e da interdisciplinaridade na organização dos currículos. Essa seria uma forma de melhorar o envolvimento dos alunos nos estudos de ciências por meio da formulação de atividades de aprendizagem que tratassem de temas presentes no dia a dia. Para isso, a abordagem multi ou interdisciplinar era necessária, pois seria a forma adequada para dar conta dos problemas reais que deveriam ser tratados em sala de aula.

Em seu artigo "Reformas e realidade", publicado no ano 2000, a professora Myriam Krasilchik, da Faculdade de Educação da USP, afirma:

> Surgem projetos que incluem temáticas como poluição, lixo, fontes de energia, economia de recursos naturais, crescimento populacional, demandando tratamento interdisciplinar. Essas demandas dependiam tanto dos temas abordados como da organização escolar. É do período de 1950-70 o movimento de Ciência Integrada, que teve apoio de organismos internacionais, principalmente a Unesco, e provocou reações adversas dos que defendiam a identidade das disciplinas tradicionais, mantendo segmentação de conteúdos mesmo nos anos iniciais da escolaridade.

---

12 Vinicius Signorelli é professor de Física e Ciências Naturais, autor de livros didáticos, com experiência em todos os segmentos da Educação Básica. É autor e editor científico dos materiais da ZOOM Education.

Como fica claro nas últimas frases do texto da professora Krasilchik, as discussões já existentes nos anos 1970 sobre a importância da abordagem disciplinar, multi ou interdisciplinar na escola mostram a complexidade do tema.

De qualquer modo, as práticas multi e interdisciplinares no ensino passaram a ser uma realidade. E uma parcela, ainda pequena, de professores continua a pensar suas propostas educativas a partir de problematizações motivadoras e com formas dinâmicas de organizar a sala de aula, com trabalhos em equipe, colaboração, pesquisa e sistematização de ideias.

Porém, é preciso ressaltar que a abordagem interdisciplinar dos conteúdos escolares sempre enfrentou alguns obstáculos. Por exemplo:

- os professores de Ciências da Natureza, e também os das ciências humanas e sociais, são formados a partir de uma visão disciplinar de currículo – são professores de História, de Geografia, de Biologia, de Física ou de Química;
- trabalhar de modo multi ou interdisciplinar na escola implica a construção coletiva de currículos e de Planos Político-Pedagógicos, acompanhados de um currículo em ação, em que a prática de sala de aula e a qualidade das aprendizagens sejam os principais critérios de avaliação do ensino.

É muito difícil, senão impossível, para um professor desenvolver sozinho propostas de aprendizagem interdisciplinares baseadas em projetos. Planejar e desenvolver com os alunos projetos de pesquisa sobre assuntos que dizem respeito ao dia a dia, como as próximas eleições, os resultados das últimas pesquisas do IBGE, as mudanças climáticas ou a importância dos carros elétricos.

Foi a preocupação de criar uma abordagem dos conteúdos das áreas de ciências na escola que criasse interesse pelos estudos das disciplinas científicas que deu origem aos primeiros projetos de trabalho envolvendo Ciências, Matemática, Engenharia e Tecnologia (sigla em inglês SMET – Science, Mathematics, Engineering, Technology).

Na visão SMET (agora STEM) de educação, problemas reais, aqueles que afetam a vida dos estudantes, poderiam ser abordados em sala de aula, viabilizando uma prática pedagógica que ficou conhecida como aprendizagem interdisciplinar baseada em projetos.

A abordagem STEM propiciou um salto de qualidade nas propostas de ensino feitas aos alunos de toda a Educação Básica, pois permite identificar conteúdos das diversas disciplinas científicas articulados de modo multi ou interdisciplinar.

Temas cada vez mais presentes em nosso dia a dia e que estão exigindo escolhas de cada cidadão podem ser tratados de forma significativa em sala de aula graças à abordagem STEM. Energia nuclear para gerar energia elétrica, uso de agrotóxicos para aumentar a produção de alimentos, destinação adequada dos resíduos que produzimos em nossas atividades diárias (inclusive lixo) e robotização da indústria são alguns temas que a abordagem STEM ajuda a analisar e transformar em problematizações envolventes para os alunos de toda a Educação Básica.

Neste ponto podemos nos perguntar: se a questão é a abordagem multi ou interdisciplinar, por que privilegiar Ciências, Tecnologia, Engenharia e Matemática?

Primeiramente, é preciso dizer que a escola de ensino básico do século XXI incorporou a tecnologia como um dos aspectos indispensáveis do currículo e do planejamento. Seja como ferramenta de auxílio aos processos de ensino e de aprendizagem, seja como conteúdo de importância científica e social a ser abordado com os alunos, a tecnologia é um tema que está definitivamente presente.

Essa combinação entre o tratamento da tecnologia como conteúdo curricular e as possibilidades oferecidas pela abordagem STEM na definição de temas e problematizações que possam dar origem a propostas de aprendizagem interdisciplinares baseadas em projetos é a resposta para a questão formulada acima.

Certamente, uma das principais transformações ocorridas nas sociedades em todo o planeta neste século é a enorme influência das novas tecnologias na vida de cada cidadão e da própria sociedade. E devemos reconhecer a importância das tecnologias de comunicação e tratamento da informação nesse processo.

De STEM para STEAM

E por que passar de STEM para STEAM, ou seja, qual a importância de acrescentar esse "A" no acrônimo?

A presença deste "A" tem a ver com Artes, obviamente, mas a coisa não deve ser vista de forma tão simplificada. Além das artes visuais, da literatura e das artes cenográficas, é importante considerar que os avanços tecnológicos associados a Ciência, Engenharia e Matemática envolvem também o *design* de produtos e de ideias (*design thinking*).

Atualmente, não há como separar o produto de sua embalagem ou da forma como a comunicação de sua existência é feita nos mais diversos meios de comunicação, a publicidade inclusive. Isso inclui também as ferramentas que os desenvolvedores utilizam para projetar, testar e lançar novos produtos, em particular os aplicativos utilizados em celulares, *tablets* e computadores.

De qualquer forma, devemos ressaltar que a educação escolar precisa superar a abordagem disciplinar exclusiva, que leva a um ensino desprovido de significado para os alunos, os quais acham uma perda de tempo ficar aprendendo fórmulas, gráficos e definições que eles simplesmente não compreendem e que os obrigam a usar a memória como um dos únicos meios de superar as avaliações.

STEAM, educação para o século XXI e as disciplinas científicas

Estamos vivendo um momento em que a maioria dos educadores afirma que a educação para as próximas décadas deve levar muito mais em conta as questões atitudinais, as competências para a vida, pois não sabemos com certeza como serão as profissões que os alunos da Escola Fundamental deverão exercer quando forem adultos. Esse seria um argumento para justificar que os conteúdos atitudinais são mais importantes do que os conceituais e disciplinares.

Essa reflexão é sem dúvida muito importante. No entanto, não podemos deixar de afirmar que as boas situações de aprendizagem, inclusive aquelas nas quais os alunos podem desenvolver sua resiliência e sua capacidade de trabalhar em equipe, serão atividades desprovidas de sentido para os alunos se não tratarem de conteúdos cuja compreensão dependa de conhecimentos conceituais que dizem respeito a História, Geografia, Artes, Filosofia, Biologia, Física, Química, Geologia, Astronomia etc.

Também não podemos esquecer que se expressar por escrito é a única forma possível de produzir conhecimento. Apesar dos cursos *online* e de todas as possibilidades oferecidas pelo YouTube, os conhecimentos acadêmicos são aqueles publicados em artigos, dissertações, teses, ensaios e outros formatos de texto, sejam eles impressos ou publicados na internet.

Ser colaborativo, saber formular questões, ser resiliente, exercer o pensamento crítico e ter disposição e competência para resolver problemas são aspectos indiscutíveis da educação atual. Um cidadão sem essas capacidades terá com certeza muitas dificuldades para se inserir pessoal, profissional e socialmente. Se esse cidadão não tiver uma cultura em Ciências da Natureza e em Ciências Sociais, se não tiver conhecimentos históricos que o ajudem a compreender o mundo onde vive e as possibilidades de transformá-lo, o trabalho educativo escolar continuará a ter pequena efetividade.

Sempre que estiver diante de um produto novo, seja um eletrodoméstico, uma ferramenta ou um dispositivo eletrônico, a avaliação que a pessoa vai fazer desse objeto sempre passará pelas questões energéticas, pelos cuidados com a saúde de quem o está utilizando, pela relação entre custo e benefícios. E não há como fazer essas avaliações se não houver os conhecimentos científicos necessários a esses processos.

A abordagem STEAM e todas as propostas de ensino que levem a aprendizagens significativas, interdisciplinares, baseadas em projetos só adquirem real valor para os estudantes se estiverem baseadas nos conteúdos conceituais disciplinares, articulados por meio de problematizações adequadas à maturidade de cada turma, a cada ano da escolaridade básica.

As três competências gerais a seguir foram extraídas da mais recente versão da Base Nacional Curricular Comum (BNCC). Sem dúvida, a abordagem STEAM e a aprendizagem interdisciplinar baseada em projetos são as formas adequadas de transformar essas ideias em realidade.

- Compreender, **utilizar e criar tecnologias digitais** de informação e comunicação **de forma crítica, significativa, reflexiva e ética** nas diversas práticas sociais (incluindo as escolares) para se comunicar, acessar e disseminar informações, produzir conhecimentos, resolver problemas e **exercer protagonismo e autoria na vida pessoal e coletiva**.
- **Argumentar com base em fatos, dados e informações confiáveis**, para formular, negociar e defender ideias, pontos de vista e decisões comuns que respeitem e promovam os direitos humanos, **a consciência socioambiental e o consumo responsável em âmbito local, regional e global**, com posicionamento ético em relação ao cuidado de si mesmo, dos outros e do planeta.
- **Agir pessoal e coletivamente com autonomia, responsabilidade, flexibilidade, resiliência e determinação**, tomando decisões com base em princípios éticos, democráticos, inclusivos, sustentáveis e solidários.

E a nossa realidade?

Algumas reflexões ainda precisam ser feitas, pois no Brasil ainda encontramos enormes dificuldades para avançar na qualidade da educação, em Ciências e em Matemática, que estamos oferecendo a nossos alunos, principalmente quando vemos os resultados da avaliação internacional mais considerada atualmente, o PISA (Programme for International Student Assessment).

Para que os professores desenvolvam planejamentos e currículos em ação com uma abordagem STEAM, é preciso que eles sejam formados para isso, em primeiro lugar superando a visão disciplinar que os impeça de ver a importância do trabalho interdisciplinar na escola. Organizar o currículo com uma visão STEAM e continuar tendo alunos que acham as aulas enfadonhas, que vivem se perguntando "para que preciso aprender isso?", vai resultar em mais do mesmo: péssimas avaliações da aprendizagem.

Portanto, deve ficar claro que os professores não podem realizar sozinhos o milagre de transformar o ensino das ciências. É preciso condições profissionais, reconhecimento social e financeiro, além de instalações escolares que possibilitem a mobilização dos alunos e da comunidade em torno de problemas que os afetam diretamente e nos quais eles têm enorme interesse e disposição para compreender e solucionar.

Para dar conta das inúmeras tarefas decorrentes de uma atuação didática e pedagógica que possa responder aos enormes desafios colocados aos professores, existe a necessidade premente de dar aos educadores condições profissionais para que eles exerçam suas funções da melhor forma possível, o que vai ajudar os alunos a desenvolver um profundo vínculo com a escola, considerando-a um local de crescimento pessoal, profissional e social.

Referências

KRASILCHIK, M. *Reformas e realidade*: o caso do ensino de Ciências. São Paulo em perspectiva, v. 14, n. 1. São Paulo, jan./mar. 2000, p. 85-93. Disponível em: <www.scielo.br/pdf/spp/v14n1/9805.pdf>. Acesso em: 30 jan. 2019.

Programação na escola

Michel Metzger[13]

Com o século XXI a todo vapor, nós, como educadores, precisamos constantemente olhar como as novas tecnologias alteram o nosso fazer. Existe um equilíbrio delicado entre o velho e o novo, entre valores consagrados que aprendemos e tendências transformadoras que abrem novas perspectivas, tirando, ao mesmo tempo, o chão firme sob nossos pés. Nesse cenário é importante falar sobre a programação na escola, pois esse tema entrou na pauta educacional de muitos países, e como este saber dialoga com os conteúdos já aceitos na formação de crianças e jovens e presentes na BNCC.

Nos últimos anos, tivemos grandes personalidades divulgando a causa do *coding* para crianças e adolescentes, trazendo essa área do conhecimento para um local de destaque na agenda educacional. A palavra *coding* (traduzido como "codificar" no português), no sentido de códigos escritos em uma linguagem de programação para criar programas de computador, abrange uma parcela daquilo que chamamos de programação. No sentido mais amplo, a programação incluiria, por exemplo, temas como algoritmos, interface com o usuário e documentação. *Coding* está associado a um "renascimento" no ensino de programação e pensamento computacional, principalmente para crianças e jovens.

A programação de computadores para crianças começou a ser desenvolvida por Seymour Papert e sua equipe no final dos anos 1960. Ele criou a primeira linguagem de computadores para crianças – o Logo. Essa linguagem, com a popularização dos computadores pessoais, transformou-se no padrão de ensino de programação para crianças em grande parte do mundo.

Com o tempo, surgiram outros marcos. Em 2006, novas visões sobre a importância da ciência da computação na educação foram difundidas a partir do artigo da pesquisadora Jannette Wings: "Pensamento Computacional – Um conjunto de atitudes e habilidades que todos, não só cientistas da

---

13 Michel Metzger desenvolve soluções de tecnologia educacional e formação de professores para escolas do Ensino Básico e ONGs e é coautor do programa Z Coding na ZOOM Education.
Contato: michel@edumenta.com.br

computação, ficaram ansiosos para aprender e usar" (disponível em: <http://gg.gg/computacional>; acesso em: 18 fev. 2019). Em 2007, a linguagem Scratch de programação por blocos para crianças e jovens foi lançada pelo MIT. Em relação à computação física na esfera educacional, temos as placas Arduino, criada em 2005, Lego Mindstorms, criada em 2006, e Raspberry Pi, que apareceu em 2011.

Quando pensamos em programação, a associamos de forma geral à resolução de problemas e cálculos numéricos. Isso é bastante natural, pois o processamento exige modelos, algoritmos e organização de procedimentos muito familiares ao campo matemático.

Esse renascimento do interesse pela programação está ligado a duas raízes. Em primeiro lugar, um "apagão" de programadores está previsto para os próximos anos nos países ocidentais, o que causará a necessidade de incentivar a formação de novos profissionais. Em segundo lugar, torna-se cada vez mais evidente que o mundo digital invadiu praticamente todas as dimensões de nossas vidas. Como consequência, para a efetiva participação social e o futuro profissional de nossas crianças e jovens, precisamos dar-lhes ferramentas para uma compreensão de como esse mundo digital é construído, qual a sua gramática, o seu léxico, e como comunicar nas plataformas computacionais.

Isso fez do *coding* um provável novo letramento do século XXI. A ideia é que, além das habilidades tradicionais da leitura, escrita e matemática, juntem-se novos letramentos necessários à formação dos cidadãos participativos e produtivos na sociedade contemporânea. Os desafios negativos, como *cyberbullying*, *fake news* e roubo de dados pessoais, colocam-se lado a lado com desafios positivos, como a facilidade de acesso a informações digitais, comunicação aberta e global. Essas são evidências de que é necessária uma ação educativa. Precisamos trabalhar também no ambiente escolar temas que antes estavam distantes da sala de aula.

Em virtude disso tudo, a visão de que a programação estava associada apenas à resolução de problemas se ampliou também no campo expressivo. As crianças e jovens expressam-se por meio de seus programas computacionais, exploram novas possibilidades, criam projetos, comunicam-se, refletem sobre o que criaram e modificam suas invenções. Passam de consumidores passivos para criadores ativos de histórias, jogos, simulações e automatização e programação de robôs e outros sistemas de computação física – tudo isso dentro da perspectiva das metodologias ativas.

Pensamento computacional e computação física

Vimos que o fazer da programação, no sentido mais amplo, se traduz na prática como resolução de problemas propostos e como forma de expressão. Se os projetos que envolvem programação são o contexto de aprendizagem, os conceitos computacionais são a gramática dessa "língua". Claro que esses conceitos não existem por si sós e ganham vida quando são ferramentas de resolução de problemas e expressão de ideias e projetos. Caso contrário, como exemplificou Mitchel Resnick, professor do MIT, seria como exercitar palavras-cruzadas e esperar que apenas com essa habilidade formássemos escritores. Vamos ver a seguir alguns conceitos computacionais básicos.

Algoritmo é um conceito agregador em programação. É um plano, uma descrição geral, um diagrama que descreve instruções claras para a resolução de um problema. Muitas vezes, em sala de aula, o algoritmo é desenvolvido no papel, fora do computador, para permitir uma visão geral e a lógica para a execução posterior do projeto por meio da programação. Os algoritmos são usados nas operações matemáticas e também em inúmeras situações cotidianas – por exemplo: em receitas culinárias e em jogos, como Torre de Hanói.

Uma das ideias-chave de programação é a **sequência**. No fundo, um programa é um conjunto de instruções em sequência. O conceito de sequência tem aplicações desde o campo de matemática, com sequências numéricas, passando pelas sequências narrativas em comunicação e expressão e chegando à sequência de eventos históricos. Desse modo, as habilidades de sequenciamento que alunos e alunas aprendem em programação podem ser transferidas para outras áreas do conhecimento.

O **reconhecimento de padrões e repetição** procura a identificação de características comuns por meio da decomposição de um problema complexo para encontrar padrões e repetições, podendo desse modo, ser mais facilmente resolvido. O desenvolvimento de habilidades de reconhecimento de padrões e repetições permite aos alunos o uso em muitas situações de aprendizagem que exigem classificação, taxonomia e hierarquias.

As **condicionais** fazem parte dos processos de decisão e controle. Elas envolvem uma pergunta "se?": **se** acontecer isso, **então** faça aquilo. Usamos condicionais todos os dias, por exemplo: "**se** o aluno terminar a tarefa antes, **então** poderá ir mais cedo ao recreio". As condições são muito importantes para direcionar o fluxo do programa. Na programação física com sensores, a condicional é fundamental – por exemplo, no caso de um robô com sensor de toque: "**se** tocar num obstáculo, **então** pare".

A **computação física** é um tipo de programação aplicada a objetos físicos que inclui, entre outras coisas, a robótica educacional. A principal característica é que programamos robôs e outros dispositivos físicos e não apenas algo que vai ser visto ou uma tela com a qual vamos interagir. A importância dessa especialidade de programação se dá por dois motivos principais: pelo fato de os robôs e dispositivos físicos programáveis estarem cada vez mais presentes no nosso cotidiano, principalmente com a "Internet das Coisas" (em inglês, IoT: Internet of Things), e também por permitirem interações com o mundo concreto, físico.

A dimensão física traz particularidades à programação educacional. Os fenômenos físicos nem sempre têm a precisão de algo que acontece numa tela, exigem muita tentativa e erro, muito experimento, mas permitem ganhos em termos de visão científica, experimental. Quando queremos que um objeto se mova em uma tela, podemos definir o que se pretende com precisão. Por exemplo, no programa Scratch, é possível usar o bloco "andar" por uma certa quantidade de passos. Já na computação física, usando um robô com rodas, definimos apenas o sentido do movimento, a potência e o tempo de funcionamento do dispositivo. Nesse caso, a aluna ou aluno terá que experimentar combinações de potência e tempo para fazer o robô andar uma determinada distância no mundo físico.

Do ponto de vista do educador, a computação física apoia a explicação de vários fenômenos no campo da ciência – eletricidade, movimento, força, atrito, polias e engrenagens, entre outros. Além disso, por meio de sensores, o universo de experimentação se amplia, por exemplo, com sensores de toque, de reflexão, giroscópios e seguidores de linha.

A computação física, mediante robôs e automatizações de construções com blocos de montar ou com sucata e outros materiais alternativos *maker*, possibilita uma nova dimensão das atividades de programação, mais rica, concreta e engajadora, com resultados que dialogam mais efetivamente com os conteúdos de aprendizagem de outras disciplinas.

Aulas de programação para professores não programadores

Mas como professores de sala de aula se preparam para ensinar programação? A primeira coisa é entender o limite do que chamamos de "programação em sala de aula". Evidentemente, não é esperado que esse professor se transforme num programador, mas sim que, por meio de conhecimentos básicos de dispositivos e linguagens de programação criadas especialmente para o ambiente escolar, amplie o campo de atividades e projetos dos alunos com a programação de computadores e outros dispositivos.

Essa é uma situação nova em que o professor não precisa usar sua habilidade de dominar um determinado conteúdo, de ter todas as respostas na ponta da língua, mas sim de ser um guia que coordena a experimentação e busca criar correlações entre os projetos de programação e as outras disciplinas do currículo. Ele não precisa saber como resolver todos os problemas, apenas saber como encontrar possíveis respostas junto de seus alunos.

Talvez um dos paradigmas mais significativos que podem ser superados com a ajuda da programação é a noção do erro presente na nossa cultura educacional. É muito forte na memória o xis em caneta vermelha feito pelo professor. Por mais que os professores, com muito zelo, realizem correções comentadas ou mesmo cuidem para dar retornos significativos a seus alunos, com alguma frequência estes não conseguem compreender e construir sentido, ficando marcados pelo estigma do erro.

Na programação o erro é bem-vindo, é uma coisa esperada, faz parte do processo de programar. Usamos a expressão "debugar", do inglês *bug* (inseto). Em outras palavras, debugar – tirar os "insetos" – quer dizer "eliminar os erros de um programa". Em programação não existe uma resposta correta única: sempre verificamos se um programa consegue realizar aquilo que propôs. Toda vez que um aluno executa um programa criado, automaticamente está realizando uma autoavaliação: funcionou ou não funcionou? Nesse exercício contínuo, os alunos crescem e aprendem a resiliência, buscam auxílio de seus pares e professores.

Competências da BNCC

A experiência do "debugar" pode ser levada para outras disciplinas: os alunos podem avaliar os *bugs* em exercícios de Matemática ou no desenrolar de uma narrativa. No processo de aprendizagem, a criação dos próprios algoritmos, as próprias estruturas de autoavaliação permitem o crescimento mais sólido e autônomo das crianças e jovens. Essas competências são incluídas nas competências gerais da BNCC.

A BNCC trouxe muitas novidades e polêmicas na sua versão inicial. Apesar disso, representou um passo extremamente importante na educação brasileira. Seria melhor se ela se chamasse BNCC versão 1.0, assim permitiria imaginarmos melhorias e correções na versão 2.0, e assim por diante. Com esse enfoque, a BNCC não é um referencial acabado, mas algo que deveria estar em constante evolução.

A estrutura da BNCC apresenta 10 competências gerais e depois passa a descrever os componentes curriculares por área de conhecimento e as competências específicas. Nas competências gerais encontramos várias referências às habilidades nos meios digitais, porém não existe nada específico para competências de tecnologia. Não se trata de um esquecimento, mas sim da necessidade de aprofundamento e reflexão das partes envolvidas nas questões tecnológicas que impactam a Educação Básica.

Por isso, em 2017 começaram a se cristalizar algumas propostas de referenciais curriculares de municípios e de organizações da área. São as propostas da Sociedade Brasileira de Computação e, de forma mais abrangente, o "Currículo de Referência em Tecnologia e Inovação", do CIEB – Centro de Inovação para a Educação Brasileira. Em outro nível, a proposta da ZOOM Education é um dos trabalhos de referência na conexão entre a base e o conhecimento específico das áreas de robótica e computação física.

No caso da programação, para que servem todos esses referenciais? Duas das questões mencionadas com frequência por professores são: "Qual é a necessidade desse estudo? A programação não estaria 'tirando tempo' de outras disciplinas?". Aí é que entram os referenciais: eles permitem conectar as atividades de programação ao currículo das disciplinas formais e cooperam para o fortalecimento das competências gerais e específicas na BNCC.

Como exemplo, podemos citar que a habilidade de criar algoritmos está conectada à habilidade matemática com o código BNCC – EF03MA05 (Utilizar diferentes procedimentos de cálculo mental e escrito para resolver problemas significativos, envolvendo adição e subtração com números naturais). Nesse processo, os professores trazem um novo significado à atividade de programação e a colocam como ferramenta auxiliar na formação de uma competência matemática. A atividade de correlacionar as atividades de classe e a BNCC será cada vez mais frequente no cotidiano escolar.

Sintetizando o que foi visto até aqui, podemos dizer que neste capítulo foram apresentados alguns elementos básicos da programação no percurso dos professores que, de forma geral, não são programadores. Também foi abordada a importância da programação como letramento do século XXI, além dos conceitos de pensamento computacional, a computação física e algumas pistas do uso pedagógico da programação e sua conexão com a BNCC.

O caminho percorrido desde os pioneiros da programação de computadores para crianças, como Seymour Papert, até os dias atuais foi de intensa experimentação criativa. A tecnologia em constante evolução dialoga, por vezes de forma não tão suave, com o passo cuidadoso da educação. O resultado tem sido positivo de forma geral, mas o sucesso dos projetos nesta área depende cada vez mais da interação de professores e alunos, movidos pela curiosidade, paixão e criatividade na introdução da programação em sala de aula.

Editora do Brasil

zoom
education for life